FOLIOTHÈQUE

Collection dirigée par
Bruno Vercier
Maître de conférences
à l'Université de
la Sorbonne Nouvelle - Paris III

Stéphane Mallarmé
Poésies
par Pascal Durand

Pascal Durand

présente

Poésies

de Stéphane Mallarmé

Gallimard

Pascal Durand est maître de conférences à l'Université de Liège. Docteur en information et communication avec une thèse portant sur l'itinéraire esthétique de Mallarmé, il a consacré à celui-ci de nombreux travaux critiques où s'articulent sociologie de la littérature et analyse rhétorique.

© *Éditions Gallimard, 1998.*

LISTE DES ABRÉVIATIONS

C.D.D.	*Un coup de dés*, in *Igitur, Divagations, Un coup de dés*, Poésie/Gallimard.
C.L.	*Correspondance complète (1862-1871)*, suivi de *Lettres sur la poésie (1872-1898)*, Gallimard, Folio, n° 2678.
Corr.	*Correspondance*, Gallimard, t. II-XI.
Div.	*Divagations*, in *Igitur, Divagations, Un coup de dés*, Poésie/Gallimard.
O.C.	*Œuvres complètes*, Gallimard, Bibliothèque de la Pléiade.
V.D.C.	*Vers de circonstance*, Poésie/Gallimard.

Les indications de pages entre parenthèses renvoient à l'édition des *Poésies* établie par Bertrand Marchal (Poésie/Gallimard). On distinguera toutefois, à l'aide du sigle *A.P.* (pour *Autres poèmes*), les textes non recueillis par Mallarmé.

AU SEUIL DES *POÉSIES*

> « *Autre chose...* ce semble que l'épars frémissement d'une page ne veuille sinon surseoir ou palpite d'impatience, à la possibilité d'autre chose » (*La Musique et les Lettres*).

Dans la constellation des titres de première grandeur qui ponctuent la poésie française au XIXe siècle, celui dont Mallarmé a doté son recueil brille d'un éclat plutôt voilé. Intitulé discret, presque silencieux, sans communauté de ton ni d'esprit avec la hauteur très affichée des *Contemplations* ou de *La Légende des siècles*, l'austérité des *Poèmes antiques*, l'ambivalence des *Fleurs du mal*, la splendeur parodique des *Chants de Maldoror* ou encore le flamboiement crépusculaire des *Illuminations*. L'atténuation si chère à Verlaine — *La Bonne Chanson* par exemple ou *Romances sans paroles* — paraît même comme en rajouter et forcer le sens quand on la rapporte au minimalisme d'un titre qui ne renvoie qu'à la communauté de genre des pièces réunies.

Cette neutralité, à laquelle s'accorderont les premiers mots du recueil : « *Rien, cette écume, vierge vers* » (p. 3), n'est pas sans rapport, certes, avec la discrétion de l'homme dont le nom figure sur la couverture, personnage en retrait, petit fonctionnaire de l'enseignement, héros sans éclat extérieur d'une vie sans anecdote : rien, c'est le moins qu'on puisse dire, d'un Rimbaud, « ce passant considérable » (*Div.*, p. 123), d'un Baudelaire, proie exhibée de ses propres déchirements, ni d'un Poe accablé par l'alcool et la rumeur publique. Mais il est d'autres éclats, intérieurs ceux-là, d'autres échappées, d'autres déchirements — dont l'existence mallarméenne n'a pas manqué —, et il ne s'agit pas ici d'un simple jeu de reflets entre le style d'un titre et un style de vie. Le plus étonnant tient à l'inverse dans l'écart entre un tel intitulé, apparemment quelconque, et la radicalité de l'expérience poétique consignée dans le recueil qu'il désigne.

Autre expression du même écart : « bribes », « lambeaux », « chiffons d'étoffes séculaires ou précieuses », « devoirs de collégien », disait Mallarmé de ses poésies ; espace opératoire d'une « révolution du langage poétique », dira des mêmes textes Julia Kristeva[1]. La contradiction tombera d'elle-même à lire de près ces textes. Quant à savoir ce que le poète signifiait en qualifiant ses poésies de « riens » auxquels il s'obligeait, il conviendra, pour en décider, de le prendre au sérieux, ironie comprise. Le poème mallarméen est bien, en effet, un « bibelot d'inanité sonore » (p. 59) — mais le texte en est miné.

1. J. Kristeva, *La Révolution du langage poétique*, Seuil, 1974.

Au titre des *Poésies*, il faudra revenir : l'écart dont il vient d'être question — banalité tranquille d'un côté, énergie de rupture de l'autre — n'en épuise pas les sollicitations[2]. Mais relevons encore, au seuil des textes, cette autre discordance : la minceur du recueil comparée à son impact sur la poésie moderne et à l'acharnement d'écriture engagé par Mallarmé dans la composition des quarante-neuf pièces qu'il rassemble[3]. Peu de chose au regard de l'œuvre océanique de Hugo ou des cent cinquante et un poèmes

2. Voir chap. II, p. 48-50.

3. Dont trois pièces ajoutées à la maquette finale par Geneviève Mallarmé (voir Notice, p. 173).

dont se composait la première édition des *Fleurs du mal*. Et que les *Poésies* de Rimbaud, dans le recueil articulé sous ce titre par Verlaine, ne soient qu'au nombre de quarante-quatre — « vers nouveaux » mis à part — n'ôte rien à cette première impression, Rimbaud s'arrêtant à vingt et un ans là où Mallarmé récapitule dans ses *Poésies* trente-six années d'écriture[1].

Sans doute faut-il rendre ici à l'exigence du poète la part qui lui revient, de n'avoir retenu, à son gré « trop rares ou trop nombreux », que quelques « points de repère » (p. 73) d'un cheminement poétique qui passa en outre par d'autres voies, poèmes en prose, vers de circonstance, dédicaces, toasts, quatrains postaux ou encore graffitis rimés[2]. La forme compacte qu'il a donnée à son recueil n'en témoigne pas moins d'un souci de resserrement, de densité, de rigueur, qui n'est pas étranger à la radicalité intrinsèque des pièces triées, retenues, agencées. Longuement préparée, durant près d'une décennie, l'édition Deman paraît en 1899, peu de temps après la disparition prématurée du poète : par la force des choses mais aussi en vertu de la logique propre qui anime leur écriture, elle recueille à la fois les poésies qu'il entendait associer à son nom et les dispositions d'une sorte de testament lyrique.

Prenons la mesure d'un dernier décalage. Excepté la plupart des textes précédant *L'Après-midi d'un faune*, les *Poésies* rassemblent des pièces plutôt brèves, sonnets pour la plupart, où l'alexandrin cède souvent la

1. La pièce la plus ancienne du recueil, *Placet futile* (p. 8), remonte à 1862. La plus tardive, *Au seul souci de voyager* (p. 65), qui est aussi le dernier texte en vers publié par Mallarmé, date de 1898.

2. Ainsi du quatrain (hygiénique) gravé à Valvins sur le mur de w.-c. communs (*V.D.C.*, p. 156). Voir aussi, dans un semblable registre, la seconde des *Chansons bas*, évoquant « les absolus lieux / Pour le ventre qui se raille » (p. 52).

place à l'octosyllabe. On verra que ce déséquilibre entre pièces longues et pièces courtes est lourd de sens : il indique dans l'architecture du volume l'émergence d'une poétique nouvelle et, plus fondamentalement, d'une autre disposition d'esprit à l'égard de la Poésie.

Les « cantiques méticuleux de Mallarmé[1] » n'en paraissent pas moins ténus, et retenus, au regard des grands édifices verbaux d'un Hugo. Disproportion significative elle aussi. Et pas seulement d'une différence de tempéraments, allant d'un côté à l'inflation lyrique et de l'autre au resserrement de l'expression, ni simplement d'un changement d'époque — le fait en l'occurrence qu'entre la « guerre » déclarée à la « rhétorique » par Hugo et la rhétorique sinueuse de Mallarmé soit intervenu ce que Roger Bellet a très justement appelé la « cure parnassienne[2] » : travail, effort, artisanerie verbale, contrôle de soi et de son langage, retour aux nombres et à la discipline du vers. Le romantisme marchait à la dépense verbale, à l'accumulation, au déferlement métaphorique, le Parnasse au pas mesuré des formes fixes et sous l'enseigne d'une froide impassibilité. Une fois dégagé de ces deux modèles, Mallarmé marchera, lui, à la rétention, à l'annulation, au minimalisme, au silence approché. Portant ainsi à son comble l'écart parnassien, en direction d'un formalisme radical où parcimonie thématique et luxe des mots seraient les deux faces d'une même ascèse, d'un même renoncement à l'effusion lyrique.

Il ne faut pas minimiser l'importance de l'expérience parnassienne, ni dans l'histoire

---

1. L'expression vient de Philippe Muray, *Le XIXᵉ siècle à travers les âges*, Denoël, 1984, p. 209.

2. R. Bellet, *Mallarmé. L'encre et le ciel*, Seyssel, Champ Vallon, 1987, p. 28.

de la poésie, qui semble un peu trop vouloir aujourd'hui se réécrire sans elle, ni dans le trajet propre de Mallarmé, qui fut un authentique disciple de Leconte de Lisle avant de rompre avec les dogmes asphyxiants de l'école dominante. Mais s'il y a disproportion de longueur et de souffle entre les romantiques et Mallarmé, c'est aussi qu'il s'est produit chez ce dernier un véritable changement d'échelle et surtout de régime touchant à l'écriture poétique elle-même, à son rythme et à sa logique de fonctionnement.

Changement d'échelle, au sens où Mallarmé, qui voyait dans sa forme de prédilection, le sonnet, « un grand poème en petit » (*C.L.*, p. 56), jouera la densité contre la grandeur, la patience des formes contre la précipitation du discours, l'infini de la signification contre le martèlement du sens. Là où Hugo s'étalait à force de sublime en hauteur (de vue) et en longueur (de pages), le texte mallarméen s'étagera en profondeur. Changement de régime d'autre part, en ceci que ce texte ne visera plus à exprimer quelque extériorité, qu'il s'agisse du monde, de l'Histoire ou du poète en tant que personne subjective — éléments qui seront éclipsés ou abaissés au rang de simples prétextes —, mais l'intériorité d'un travail de l'expression auquel suffit et convient l'espace restreint d'un univers de mots réduit aux quatorze lignes d'un sonnet.

Yves Bonnefoy a raison de le rappeler : « Mallarmé est, de loin, le plus vaste espace de réflexion, de recherche, d'élaboration de l'idée de la poésie qu'il y ait eu à son époque en Europe » (p. XXXVI). Ajoutons : l'espace le plus dense d'une *pratique* de l'écriture davantage attachée à la matérialité des signes et au jeu des formes qu'à l'idéalité vaporeuse de ce qu'il était convenu d'appeler, jusqu'à lui en toute tranquillité d'esprit, la Poésie. Mallarmé, qui eut des sympathies anarchistes sans céder à ce qu'il eût peut-être nommé l'action élargie[1], affirmait ne pas « [savoir] d'autre bombe, qu'un livre »[2] et soutenait, ce qui en un sens revient au même, que « tout, au monde, existe pour aboutir à un livre » (*Div.*, p. 267). Sans être ce Livre absolu dans lequel viendrait imploser l'univers et dont il poursuivit l'impossible projet jusqu'à son dernier souffle, les *Poésies*, sous leur intitulé paisible et dans leur format réduit, ont peut-être bien eu dans l'histoire de la poésie, au plus intense, cette force explosive-là.

Avec Mallarmé, en effet, quelque chose prend fin. Et « autre chose » commence.

1. Par opposition à cette « action restreinte » où se confine l'écriture, « acte toujours [appliqué] à du papier » (*Div.*, p. 254).

2. La formule figure sur le manuscrit de sa réponse à une enquête sur les attentats anarchistes. Divers mémorialistes ont rapporté le propos sous une autre forme : « Il n'est d'explosion que d'un livre. »

I SITUATIONS

« Autre chose » : l'expression revient plus d'une fois sous sa plume, et notamment, fin 1885, pour renvoyer l'ensemble des textes dont relèvent les *Poésies* aux aléas des circonstances et des opportunités éditoriales. Évoquant dans sa lettre autobiographique adressée à Verlaine « les morceaux de prose et les vers de [sa] jeunesse et la suite, qui y faisait écho, publiée un peu partout, chaque fois que paraissaient les premiers numéros d'une Revue Littéraire », Mallarmé confie qu'il a « toujours rêvé et tenté autre chose » : « Quoi ? c'est difficile à dire : un livre qui soit un livre, architectural et prémédité, et non un recueil des inspirations de hazard[1], fussent-elles merveilleuses.. J'irai plus loin, je dirai : le Livre persuadé qu'au fond il n'y en a qu'un, tenté à son insu par quiconque a écrit, même les Génies » (*C.L.*, p. 585-586).

Laissons en suspens avec l'embarras du poète à la nommer l'énigme dont cette « chose » est l'enveloppe. Qu'il s'agisse d'un livre identifiable par telles propriétés (architecture, préméditation) ou bien du Livre unique « tenté à son insu par quiconque a écrit » n'aide pas à la lever. L'essentiel, touchant aux poésies et autres morceaux ayant satisfait aux mêmes formalités, tient dans leur appartenance générale à une scène d'écriture sans communication directe ni commune mesure avec l'espace à l'intérieur duquel Mallarmé situe (par « aveu de [son] vice », dit-il plus loin) l'objet introuvable de tous ses rêves et l'objectif inaccessible de tous ses efforts.

Sans doute entre-t-il dans un tel aveu un double effet de chic et de cliché. L'écrivain post-romantique vit volontiers à crédit, en tirant des traites sur ses ambitions déchues. C'est que, depuis Baudelaire ou Flaubert, la vocation à l'échec est littérairement payante. L'œuvre faite ou en train de se faire, fait-on volontiers savoir, n'est rien au regard de l'Œuvre à faire, si bien que chaque texte semble s'écrire comme par renoncement à

---

1. Mot-mana chez Mallarmé, qui l'orthographie souvent de la sorte dans sa correspondance.

quelque grand Texte impossible : « vice » en effet, mais commun à toute une génération ayant remplacé par un credo esthétique désenchanté la foi inébranlable que les romantiques avaient placée dans les pouvoirs de l'inspiration et du génie.

Pour autant, en abaissant ses poésies au rang de « bribes » n'ayant eu « d'autre valeur momentanée que de [lui] entretenir la main » (*C.L.*, p. 586), Mallarmé ne fait pas que porter au sublime la position d'orgueilleuse modestie sur laquelle campent à son époque bien d'autres ratés magnifiques. Il affiche aussi bien que l'écriture poétique telle qu'il la conçoit ne se laisse pas réduire à la simple fabrication d'objets verbaux, si « merveilleux » qu'ils soient, ni contenir entre les frontières d'un genre reposant sur un répertoire fini de matériaux thématiques (exil, errances, émotions, extases) ou de procédés formels (la versification par exemple).

Tel est à coup sûr le motif théorique le plus obsédant chez lui : écrire est en soi un acte presque autosuffisant, autrement dit une expérience dont les produits deviennent secondaires au regard de l'activité dont ils procèdent et dont ils ne constituent, à tout prendre, que les traces. À ce titre, les textes signés Mallarmé sont bien en effet des « bribes », des « lambeaux » ou encore, dans les termes adoptés par la bibliographie (p. 73), des « études en vue de mieux », des essais de plume « pren[ant] note de projets » : ils balisent en série ouverte — « cela contiendra plusieurs séries, pourra même aller indéfiniment » (*C.L.*, p. 587) — le champ d'une expérimentation verbale dont l'utopie du Livre représente à la fois l'horizon de référence et la paradoxale condition de possibilité (car il faut bien poser un objectif impossible à atteindre pour que le parcours soit sans fin et sans autre finalité que lui-même).

Voici donc la poésie retournée comme un gant. Le poème n'est plus cet objet à produire par une combinaison de règles d'écriture et de génie créateur, mais le résultat subsidiaire, le marqueur « momentané » d'un processus qui passe par lui sans s'y arrêter. Ce retournement est ce qui caractérise au plus fondamental l'intervention de Mallarmé dans notre littérature. Il est aussi ce qui la désigne comme l'un des « moments » décisifs de la grande dialectique des formes et des rapports aux formes conférant à la poésie un devenir qui ne se confond pas avec une succession d'œuvres et de doctrines.

1. LE « MOMENT MALLARMÉ »

[1] Nous l'empruntons dans un autre sens à un titre de Michel Makarius, « Le moment Mallarmé », *Revue d'esthétique*, 1, 1974, p. 1-15.

L'expression[1] doit être ici entendue au sens où ce nom identifie moins un corpus de textes portant la griffe d'une poétique particulière qu'une représentation historique de la poésie, figure ayant fait époque d'un genre dont l'apparente stabilité à travers le temps est largement illusoire. Sous cet angle, le XIXᵉ siècle poétique ne se décline guère qu'en trois grands *moments*, où se sera reformulé et résolu différemment le problème qu'affronte tout discours lyrique, celui du rapport à négocier entre un sujet et son langage.

Hugo d'abord : l'ego fait verbe, homme-siècle et institution littéraire à lui seul, ayant « rabatt[u] » tous les genres à sa propre écriture et par là « confisqu[é] » durablement « chez qui pense, discourt ou narre, presque le droit à s'énoncer » (*Div.*, p. 240). Baudelaire ensuite, chez qui le poème se fait champ d'intensités contradictoires — spleen contre idéal, éternité contre modernité — et lieu d'un difficile équilibrage entre la rigueur des formes et l'expression d'un moi éclaté. Mallarmé enfin[1], avec qui le texte bascule dans une expérience d'écriture se prenant elle-même pour objet et exigeant à la fois, selon ses termes, « la disparition élocutoire du poëte, qui cède l'initiative aux mots » et la « presque disparition vibratoire » d'un monde extérieur réduit à l'insignifiance d'un pur décor (*Div.*, p. 248 et 251).

Disons-le autrement : dans le « moment Mallarmé », le poème s'affranchit tant de celui qui l'énonce que de ce qu'il avait auparavant à énoncer : à la fois hermétiquement clos (le monde dit réel s'arrêtant aux bords du monde verbal qu'il construit) et indéfiniment ouvert (le sens ne s'y laissant pas restreindre ni contraindre par quelque volonté de représentation). Et sous cet aspect la distance prise par Mallarmé vis-à-vis d'un Leconte de Lisle par exemple — comme aussi bien des symbolistes ses disciples — n'est pas moindre que vis-à-vis d'un Victor Hugo. En dépit de tout ce qui les oppose, romantiques, parnassiens et symbolistes

---

1. Auquel, sous d'autres égards, il faut adjoindre Lautréamont et Rimbaud.

s'inscrivent dans le même cadre général d'une poésie conçue comme discours, qu'il s'agisse d'exprimer les émotions du poète et son affrontement à l'Histoire, de rendre hommage à quelque idéal de beauté contenu dans les lois du genre ou de discerner les contours d'un Symbole inapprochable. Mallarmé, lui, sort de ce cadre : le poème n'aura plus d'autre registre à tenir que des opérations qui l'engendrent.

SALUT

L'incipit des *Poésies* — « *Rien, cette écume, vierge vers/ À ne désigner que la coupe* » (p. 3) — prend ainsi l'allure d'une déclaration de principe. Annonce est faite à la poésie qu'elle n'a plus d'autre objet qu'elle-même comme être de langage (sinon les rituels sociaux dans lesquels elle s'inscrit, par exemple un banquet littéraire) et que la signification s'y réduit à ce « *rien* » dont la place est occupée par l'acte de dire et de « *design[er]* » ce qui dit et désigne.

« Folie de la forme [...] poussée jusqu'à ce point où une cervelle se fêle », diagnostiquait Zola rendant compte en 1878 de « l'esthétique de M. Mallarmé[1] ». Dernier « grand texte mutant dans la littérature française », dira Barthes un siècle plus tard, reprenant le motif d'une certaine fêlure du texte mallarméen pour reconnaître dans la « folie » formelle qui l'aura animé l'apport principal du poète : non seulement d'avoir relevé l'écriture de son devoir de transparence, quitte à passer pour un poète délibérément « obscur », mais de l'avoir en quelque sorte révélée à elle-même en la livrant, méthodiquement,

1. Voir Dossier, p. 204.

à ses propres excès. Ouvrant ainsi une nouvelle époque de la littérature où nous serions encore : contractée, radicalisée, confondue avec le travail même de fabrication du texte, qui jadis n'en était que le moyen. « Depuis Mallarmé, nous, Français, ajoutait Barthes, n'avons rien inventé, nous répétons Mallarmé, et bien heureux encore quand c'est Mallarmé que nous répétons[1]. »

Encore que la France littéraire, dans ses régions les plus hautes, répète moins Mallarmé qu'elle ne le prolonge. Nous lisons Hugo, nous lisons Baudelaire ou Heredia ou Verlaine : leurs œuvres s'offrent à l'interprétation comme des objets enfermés dans leurs propres contours. Mais on écrit encore *avec* Mallarmé : son texte se poursuit non seulement à travers le réseau des lectures qui le prennent pour objet, mais aussi au fil des textes qui continuent de se mesurer aux enjeux qu'il a définis. Cela parce que c'est à lui en effet que la modernité poétique, de Ponge à Denis Roche, doit pour une large part d'avoir appris ce qu'écrire veut dire, ce qui s'engage d'irréductible dans ce qu'il appelait, significativement, ce « jeu insensé d'écrire » (*O.C.*, p. 481).

[1] R. Barthes, *Le Grain de la voix*, Seuil, 1981, p. 135.

2. UN TEXTE INSITUABLE

« Stéphane Mallarmé, poète français, 1842-1898 », énoncent tranquillement les dictionnaires. Doit-on les croire sous prétexte qu'ils enregistrent des données purement factuelles ? À lire les textes portant cette signature, il est permis en tout cas d'en douter. Point par point : au nom compris.

• *Stéphane Mallarmé* ? Lisons-le, en 1867, dans telle lettre fiévreuse adressée à son ami Cazalis, au sortir d'une « année effrayante » : « je suis maintenant impersonnel et non plus Stéphane que tu as connu, — mais une aptitude qu'a l'Univers Spirituel à se voir et à se développer, à travers ce qui fut moi » (*C.L.*, p. 343). Écoutons-le encore, en 1890, au début de sa conférence sur Villiers de l'Isle-Adam : « Sait-on ce que c'est qu'écrire ? Une ancienne et très vague mais jalouse pratique, dont gît le sens au mystère du cœur. Qui l'accomplit, intégralement, se retranche » (*O.C.*, p. 481).

On jugera, non sans raison, qu'il n'y a là, d'un côté, que l'expression délirante d'un moment d'extase métaphysique — après plusieurs mois d'angoisse et de dépression passés parmi « des monceaux de livres [...] de science et de philosophie » (*C.L.*, p. 325) — et, de l'autre, qu'un lieu commun mythologique : l'écrivain absent au monde, tout entier possédé par son « démon littéraire » (*O.C.*, p. 481). Reste que ce double trait, impersonnalité et retranchement, traverse les écrits théoriques de Mallarmé pour y souligner un impératif catégorique de l'écriture, impliquant selon lui « la disparition élocutoire du poète » (*Div.*, p. 248). Reste aussi que cette disparition, les *Poésies* l'effectueront en gommant le « je » lyrique par le jeu des mots et ne cesseront d'en symboliser l'opération au creux de leurs décors vacants, chambres désertées, froids couloirs et autres salons vides.

La récurrence du motif sous des formes diverses lui confère quelque poids de vérité : l'écriture et ses ébats, comme Éros, auront toujours en quelque façon affaire, chez Mallarmé, avec la Mort ou du moins avec l'absence au texte de celui qui l'écrit. Le poète rédigea sous divers pseudonymes — dont Ix — tous les articles de *La Dernière Mode* et n'imaginait le Livre que sous l'espèce d'une publication anonyme, livrée sans signature aux opérations d'une lecture sans fin, « le Texte y parlant de lui-même et sans voix d'auteur » (*C.L.*, p. 587). Qu'en est-il alors de son nom ? Et que vaut un nom, quel sens conserve-t-il en propre au regard des propriétés symboliques d'un tel texte ?

• *Poète* ? Sans doute l'a-t-il été, au sens tout ordinaire où il aura fabriqué et fait circuler, de revues en banquets littéraires, ces objets verbaux qu'il est convenu d'appeler poèmes ou poésies. Le titre minimaliste qu'il a donné à son recueil est là pour en attester, plus durablement que le titre grandiloquent de « Prince des Poëtes » dont il fut gratifié en 1896 après Leconte de Lisle et Verlaine. Cela étant, les pièces en vers, on vient de le rappeler, n'occupent qu'une part finalement très locale d'une œuvre où la prose l'emporte en volume d'écriture et où la théorisation de la poésie semble déborder en tous sens son effectuation pratique, tant en nombre de pages (Mallarmé a plus écrit sur l'art poétique qu'il n'a écrit de poèmes) que par le territoire formel autrement plus vaste qu'elle recouvre.

Dans le même temps en effet qu'il dote ses poésies de toutes les marques susceptibles de les classer à leur place exacte dans le répertoire des genres — vers comptés et rimés, formes fixes, pièces isolées et isolables, etc. —, Mallarmé donne à plusieurs reprises, de « la forme appelée vers », la définition la plus extensive, soutenant que « [cette] forme [...] est simplement elle-même la littérature ; que vers il y a sitôt que s'accentue la diction, rythme dès que style » (*Div.*, p. 240). Extension très caractéristique d'une époque où s'opère, suite à l'effraction du vers libre, une refonte théorique de la poésie. Elle n'en témoigne pas moins de ce que la réflexion et la pratique de Mallarmé se situèrent davantage sur le terrain général de l'écriture que dans le seul secteur du genre poétique[1]. De là que ce qu'il faut bien appeler son « expérience » intéresse autant désormais — sinon davantage — les linguistes, les philosophes ou les psychanalystes que les spécialistes de la chose littéraire.

• Poète *français* ? Jules Renard le tenait pour « intraduisible, même en français[2] ». La boutade traduit l'effet d'étrangeté produit par un texte qui, en vers et plus encore en prose, semble excéder les limites de la langue. La phrase mallarméenne, rarement conforme au modèle de la syntaxe normative, ordonne en effet de mystérieuses machineries verbales, confinant en certains cas à une sorte de « balbutiement[3] » incantatoire, où le sens des mots et leurs relations grammaticales paraissent moins déterminants que leurs associations sonores. Du *Sonnet allégorique de lui-même* (p. 239), le poète déjà faisait valoir qu'« en se laissant aller à le murmurer plu-

---

1. Dans quelle case de quelle nomenclature faudrait-il ranger l'objet verbal non identifié sur lequel culmine la production mallarméenne : *Un coup de dés jamais n'abolira le hasard* ?

2. *Journal*, Gallimard, Bibliothèque de la Pléiade, 1965, p. 475.

3. C'est le mot dont il use pour caractériser sa syntaxe (*Div.*, p. 278). Cf. Gilles Deleuze : un « grand écrivain [...] taille *dans* sa langue une langue étrangère et qui ne préexiste pas. Faire crier, faire bégayer, balbutier, murmurer la langue en elle-même » (*Critique et clinique*, Éditions de Minuit, 1993, p. 138).

sieurs fois on éprouve une sensation assez cabalistique » (*C.L.*, p. 392). Rien d'étonnant dès lors si bien des lecteurs des *Poésies* ont cru avoir affaire à quelque langage crypté et qu'il se soit trouvé un spécialiste pour rédiger une *Grammaire de Mallarmé*. En quoi tous font fausse route : « il convient, conseillait Mallarmé à René Ghil, de nous servir des mots de tout le monde, dans le sens que tout le monde *croit* comprendre ! Je n'emploie que ceux-là ! Ce sont les mots mêmes que le Bourgeois lit tous les matins [dans le journal]. Mais voilà [...] s'il lui arrive de les retrouver en tel mien poème, il ne les comprend plus ! C'est qu'ils ont été récrits par un poète[1]. »

Autrement dit, quelque étrange et « étranger à la langue » (*Div.*, p. 252) que paraisse l'idiome poétique de Mallarmé, il n'y a pas de langue mallarméenne dont il s'agirait, afin d'élucider le sens des textes où elle s'exprime, d'établir le lexique et la syntaxe. Il y a plutôt un usage mallarméen de la langue, constitutif d'une poétique singulière et visant moins à détourner les mots de leur sens qu'à déployer leur polysémie[2] (alors que, dans le commerce social des paroles, « à chacun suffirait peut-être pour échanger la pensée humaine, de prendre ou de mettre dans la main d'autrui en silence une pièce de monnaie », *Div.*, p. 251). Dans cette mesure, si elle renvoie à une rhétorique, l'opération de réécriture exposée à Ghil relève aussi de cette responsabilité que le poète s'arroge de revitaliser le langage en « donn[ant] un sens plus pur aux mots de la

---

1. Cité par Claude Abastado, *Expérience et théorie de la création poétique chez Mallarmé*, Lettres modernes, 1970, p. 38.

2. « Les mots ont plusieurs sens, sinon on s'entendrait toujours — nous en profiterons » (*O.C.*, p. 852).

tribu » (p. 60). Quitte à paraître se mettre hors la langue et, du coup, hors de « la tribu ».

• *1842-1898* ? Ces dates encadrent la vie d'un homme : délimitent-elles le vrai « fragment de siècle » à l'intérieur duquel s'est écoulée son existence littéraire ? L'intéressé aurait sans doute répondu par la négative, qui assimilait « l'époque » à un « tunnel » ou un « souterrain » à traverser et tenait pour « mal informé celui qui se crierait son propre contemporain » (*Div.*, p. 257). C'est que, d'une façon générale, la présence d'un sujet à « son » temps n'est jamais pensée par Mallarmé dans la catégorie de l'appartenance. À ses yeux et au rebours de la « foi en le quotidien néant » alimentée par la grande presse d'information, aucune existence individuelle ne saurait passer pour pleinement synchrone avec ce faux présent collectif qu'on appelle une « époque » : « Il n'est pas de Présent, non — un présent n'existe pas.. Faute que se déclare la Foule, faute — de tout » (*ibid.*). Aucun sujet ne coïncide effectivement avec soi[1], aucune collectivité n'est complètement rassemblée, aucune période ne fait bloc. Prévalent plutôt des rythmes, des temporalités multiples, et des rapports constamment remodelés à des devenirs hésitants.

Et ce qui vaut pour tout sujet à toute époque et dans toute société vaut par excellence, selon Mallarmé, pour le poète à l'âge contemporain. L'interrogation qu'il soulevait à propos de Villiers — « véritablement et dans le sens ordinaire, vécut-il ? » (*O.C.*, p. 482) —, nul doute qu'il comptait qu'on la

---

1 Au « Je est un autre » de Rimbaud, Mallarmé eût sans doute objecté : « Je n'*est* pas. »

lui retournât le moment venu. « Le cas d'un poète dans cette société qui ne lui permet pas de vivre, déclarera-t-il au journaliste Jules Huret, c'est le cas d'un homme qui s'isole pour sculpter son propre tombeau[1]. » Soulignons-le : ce qui passe dans de tels propos ce n'est pas tant, malgré les apparences, une représentation romantique de l'activité littéraire — exil consenti et pari sur la postérité —, ni même une conscience de l'inactualité supposée dans laquelle s'exercerait tout acte esthétique : c'est plutôt la disposition à l'auto-effacement dont toute l'œuvre porte les marques et dont le sonnet du Cygne est l'allégorie (p. 57). La société réduit la poésie à une luxueuse inutilité ? Le poète, en retour, la mettra et *se* mettra entre parenthèses, dans l'attente d'une République qui réserverait enfin aux Lettres et à ses officiants la place centrale qui leur est due. D'ici là, l'écriture s'effectuera en un lieu de repli, à l'abri des fausses urgences auxquelles contraint le discours politico-journalistique.

1. J. Huret, *Enquête sur l'évolution littéraire* (1891), Vanves, Thot, 1982, p. 77.

3. UNE ÉPOQUE SOUS HAUTE TENSION

Et pourtant, comme l'écrit le « même » Mallarmé avec la plume du chroniqueur de mode, « rien n'est à négliger de l'existence d'une époque : tout y appartient à tous » (*O.C.*, p. 719). La littérature, précise-t-il ailleurs, est une activité « autant qu'une autre, sociale » (*O.C.*, p. 645) et donc tributaire comme toute autre des déterminations diverses qui l'informent et auxquelles en certains cas elle s'affronte.

Ainsi, la poétique de Mallarmé ne peut être séparée de la position dominante occupée, durant ses années de formation, par la doctrine du Parnasse, qu'elle a tour à tour prolongée, radicalisée, renversée. Versification impeccable, impassibilité, culte rendu à la seule Beauté, antimodernisme déclaré : ses premiers poèmes publiés et ses options théoriques initiales[1] sont incontestablement sortis de ce canevas, qui lui deviendra bientôt carcan à briser. On s'expose toutefois à ne pas saisir grand-chose du texte mallarméen ni de ce qui continue de faire pour nous son actualité si l'on néglige de tenir compte qu'il s'est élaboré au cours d'une période ayant vu se redéfinir non seulement les codes de l'expression littéraire et artistique, mais aussi les conditions de production et de diffusion des « biens symboliques[2] ».

D'une part l'impressionnisme, l'opéra wagnérien, le vers libre battent successivement en brèche, entre 1870 et 1890, les canons esthétiques les plus fermement institués (ceux que les académies et les écoles de toute sorte ont pour mission de perpétuer). Même énergie transformatrice, d'autre part, sur le terrain plus général de la production/consommation de ce que Mallarmé rassemblait sous la notion de « mentale denrée » (*Div.*, p. 260), où les grandes expositions universelles, l'effervescence des cycles de la mode, la montée en puissance de la grande presse d'information, l'industrialisation du système éditorial et la multiplication en fin

1. Voir par exemple son libelle de 1862 contre *L'Art pour tous* (*O.C.*, p. 257-260), qui récrit à dix ans d'écart, un cran de radicalité au-dessus, la préface-manifeste des *Poèmes antiques*.

2. Au sens de Bourdieu : l'ensemble des objets tirant leurs propriétés de leur circulation à l'intérieur du champ culturel.

de période de nouvelles machines à communiquer (phonographe, téléphone, cinématographe, TSF) contribuent à une brusque accélération de l'Histoire et au basculement de la culture dans un « autre » âge.

De tout cela, il faut y insister, Mallarmé n'a pas été le spectateur indifférent. On se le représente d'ordinaire, en le prenant au mot (sans l'ironie qu'il y met), sous les traits d'un « solitaire ébloui de sa foi » (p. 56), à l'image de ces « mendiants d'azur » qu'il situait très « au-dessus du bétail écœurant des humains » dans son deuxième poème paru (p. 180). C'est oublier qu'il fut chroniqueur d'Exposition internationale, directeur et seul rédacteur d'un magazine de mode, billettiste culturel pour une revue londonienne ou encore critique d'art engagé dans la cause impressionniste. C'est méconnaître surtout qu'il a constamment tenté, dans ses proses critiques, d'établir — à la façon d'un théoricien de la littérature qui serait aussi un journaliste radical[1] — les rapports articulant les inflexions jusqu'aux plus subtiles de l'écriture (la crise du vers par exemple) et les grandes mutations culturelles dont son époque fut le théâtre.

1. De là qu'il intitule *Grands faits divers* la dernière rubrique des *Divagations*.

MANET : UNE QUESTION DE REGARD

Après Baudelaire et Zola, le poète prend fait et cause pour Manet dès avril 1874, dans un article incisif[2] paru au lendemain du refus par le jury du Salon officiel de deux des toiles

2. *Le jury de peinture pour 1874 et M. Manet* (*O.C.*, p. 695-700).

proposées par l'artiste et quelques jours avant le vernissage, dans l'atelier de Nadar, de la première exposition des Indépendants, qui leur vaudra sous la plume d'un journaliste le durable sobriquet d'*impressionnistes*. Aucun jury n'est fondé, y dit-il, à s'interposer entre une œuvre et son public. C'est à ce dernier, « qui paye en gloire et en billets, à décider si [tel " morceau d'art "] vaut son papier et ses paroles. Il est le maître à ce point, et peut exiger de voir *tout ce qu'il y a* » (*O.C.*, p. 699). Et cela d'autant plus, insiste-t-il, qu'à ce public responsable de ses jugements, Manet fait le double don de le mettre en représentation par le choix de sujets contemporains et d'en appeler à son active participation à l'événement du tableau en pratiquant une esthétique du non-fini, du flou, de l'imprécision calculée.

Premier moment d'un combat. Premier temps surtout d'un effort critique et théorique appelé à s'amplifier deux ans plus tard avec la publication en langue anglaise d'un long texte plus articulé, *The Impressionists and Édouard Manet*, où Mallarmé fera valoir dans la crise de la représentation ouverte par ces peintres en rupture qui signent Monet, Sisley, Pissarro, Berthe Morisot ou Cézanne un fait esthétique et social d'une portée considérable, intéressant aussi bien le travail de l'artiste moderne, libéré des poncifs académiques, que le regard du spectateur, porté à s'affranchir des modes routiniers de vision. Car, à l'heure du suffrage universel, écrit-il, « la multitude veut voir de ses propres yeux[1] ». Il en retiendra

1. *The Impressionists and Édouard Manet*, in *Documents Mallarmé*, I, p. 84 (nous traduisons).

l'exemple au moment de définir la lecture comme une « pratique » à part entière (*Div.*, p. 279).

WAGNER : L'EXEMPLARITÉ MUSICALE

La musique (et sa translation dans l'espace : la danse) est l'autre grande affaire de Mallarmé, qui l'institue à la fois en modèle et en rivale de la poésie. Cela dès 1862 — à l'ouverture de son pamphlet contre les *hérésies artistiques* : « La musique nous offre un exemple » (*O.C.*, p. 257) —, mais avec une particulière force de résonance dans ses textes post-parnassiens.

Pour toute sa génération, la musique porte un nom : Wagner. L'admirer en le faisant savoir revient, depuis Baudelaire, à se décerner un brevet de modernité. Et comme tant d'autres littérateurs d'avant-garde fédérés par *La Revue wagnérienne*, Mallarmé n'y a pas échappé, saluant dans « le dieu Richard Wagner » (p. 63) l'artiste héroïque ayant pris à bras-le-corps l'ambition de l'œuvre d'art totale — non sans suspecter toutefois, dans le maître de Bayreuth, une sorte de sublime imposteur entretenant soigneusement son propre culte et un génie autoproclamé, usurpant de surcroît « le devoir [des poètes] » (*Div.*, p. 169), qui est de faire résonner dans la musique silencieuse du texte « le magique concept de l'Œuvre » (*Div.*, p. 249).

HOMMAGE

De là, notamment, le caractère assez ambigu de l'hommage poétique qu'il lui adresse. L'opéra wagnérien, y suggère-t-il, vampe la littérature autant qu'il la vampirise : « Notre si vieil ébat triomphal du grimoire [...] Enfouissez-le-moi plutôt dans une armoire » (p. 63). Moralité — et leitmotiv proprement mallarméen : la poésie doit reprendre à la musique son bien (voir *Crise de vers*, in *Div.*, p. 250).

Pour Mallarmé, dont la culture musicale n'excède pas celle d'un habitué des Concerts Lamoureux, Wagner n'est que le nom très publicisé d'un mystère à capter, celui de la Musique, réserve à métaphores et à mots-concepts affectables à la théorie du langage poétique[1]. De là que l'exemplarité musicale se soit modelée sur les différents points de vue théoriques adoptés par le poète sur son art, reflets des positions qu'il aura successivement occupées dans le champ poétique.

En 1862, la musique est d'abord, pour ce parnassien orthodoxe saisi par le démon de l'élitisme, un texte ésotérique dont les « processions macabres de signes sévères » (*O.C.*, p. 257) ont pour effet et devraient avoir pour enjeu, si le poète sait en convertir la leçon, de décourager toute lecture profanatrice. À lui de tirer le langage à double emploi dont il use vers une écriture où le sens serait protégé par l'opacité des formes. Après 1880, en rupture avec les métaphores théoriques que les parnassiens demandaient à la peinture académique et à la statuaire antique, la musique deviendra le modèle d'une poésie faite d'euphonies subtiles et d'une poétique axée

---

1. Le titre de sa conférence sur *La Musique et les Lettres* (1894) confirme à lui seul cette réciproque extension d'un domaine à l'autre, dont le « parfait terme compréhensif » pourrait être, ajoutait-il, celui de « Fiction » (*O.C.*, p. 656).

sur l'évocation floue, la suggestion et la fluidité rythmique du « vers libre » (que Mallarmé rapportera significativement à l'évolution des formes musicales vers « une infinité de mélodies brisées » succédant « aux mélodies d'autrefois très dessinées[1] »). Entretemps, le chroniqueur de *La Dernière Mode* l'aura intronisée en « Muse incorporelle, toute de sons et de frissons » régnant sur les loges des théâtres chics (*O.C.*, p. 817) : non plus texte et pas encore tissu, mais jouissance mondaine éprouvée dans le moment social de son exécution au concert.

Texte, participation à une émotion collective, tissu sonore : à ces trois notions, dont les rapports se redéfinissent plusieurs fois sous sa plume, il faut en ajouter une autre encore, qu'il ne cessera pas, après 1885, de souligner avec la plus vive insistance : système de relations, Structure ou encore « symphonie » (ce qui sonne ensemble). « Employez Musique dans le sens grec, au fond signifiant Idée ou rythme entre des rapports », conseille-t-il en 1893 à Edmund Gosse pour faire ressortir que la musicalité du poème ne procède pas tant chez lui « du rapprochement euphonique des mots » que de leur coparticipation formelle à une totalité qui les articule et qui se laisse deviner comme « l'au-delà magiquement produit par certaines dispositions de la parole » (*C.L.*, p. 614). Cet « au-delà », il le nommera tantôt Musique, tantôt Mystère, pour désormais désigner ce qui arrive au texte lorsque celui-ci laisse percevoir, dans l'orchestration des mots et des nombres, le rythme total qui les mobilise, à la

[1] J. Huret, *Enquête sur l'évolution littéraire, op. cit.*, p. 75.

fois « arrière prolongement vibratoire de tout » (*Div.*, p. 174) et force imprimant au poème son mouvement organisateur.

Cet ajustement du modèle musical à l'œuvre conçue comme totalité en fonctionnement ne peut évidemment être dissocié du prestige détenu par le paradigme wagnérien, dont Mallarmé à sa façon relève le « singulier défi » (*Div.*, p. 169). À l'« œuvre d'art totale » par addition d'arts sous contrôle musical, il oppose une Œuvre dont la plénitude, tout intérieure mais ouverte, dépendrait de sa densité formelle, du réseau infiniment mobile des « rapports » ordonnés en elle par le langage. Et, par-delà — mais déjà logée dans la structure du poème —, de la relance assumée par toute lecture, qui à chaque fois refait le texte et en déploie le sens.

Car telle est bien l'ultime métaphore que la Musique propose à la poésie, ainsi que Mallarmé la conçoit : dans l'instant du concert, « le miracle de la musique », écrit-il, est celui d'une « pénétration, en réciprocité, du mythe et de la salle » (*Div.*, p. 288), c'est-à-dire d'une intense participation du public à un cérémonial artistique qui n'a pas lieu devant lui, mais avec lui. C'est cette interaction que le poète avait perçue, en puissance, dans les toiles de Manet. Et c'est la même qu'il placera au cœur de sa propre pratique, inséparable à ses yeux d'une poétique de la lecture, ce « solitaire tacite concert » (*Div.*, p. 270) où l'exécutant, dans son ébat mental avec le texte, est en même temps auditeur et cocréateur.

ENTRÉE DES MÉDIAS

Cependant, Jacques Rancière a raison de le souligner, « Mallarmé n'est pas seulement le contemporain de Monet » (ou de Manet ou de Wagner) : « il est aussi celui d'Étienne Marey et de son fusil chronophotographique qui fait voir l'invisible des temps successifs en lesquels se décompose le vol d'un oiseau ou la course d'un cheval[1] ». Et celui de Thomas Edison, d'Alfred Edwards (fondateur du *Matin* en 1885, premier journal d'informations télégraphiques à l'américaine), des frères Lumière ou encore du jeune Marconi — soit le témoin d'une période qui voit se multiplier les « engins de captation du monde moderne » (*O.C.*, p. 492) et se mettre en place à cadence rapide presque tout l'équipement médiatique du siècle à venir.

À Oxford en 1894, dans une conférence qu'il entame en parodiant le ton haletant et les effets de manchette propres au journalisme à sensation pour rapporter « l'attentat » prosodique qui vient d'être commis dans la poésie française — « J'apporte en effet des nouvelles. Les plus surprenantes. Même cas ne se vit encore. On a touché au vers » (*O.C.*, p. 643) —, Mallarmé énonce à ce sujet tout un programme de réflexion : « La Nature a lieu, on n'y ajoutera pas ; que des cités, les voies ferrées et plusieurs inventions formant notre matériel. Tout l'acte disponible, à jamais et seulement, reste de saisir les rapports, entre temps, rares ou multipliés ; d'après quelque état intérieur et que l'on veuille à son gré, étendre, simplifier le monde » (*O.C.*, p. 647).

---

[1]. J. Rancière, *Mallarmé. La politique de la sirène*, Hachette, 1996, p. 31.

Et c'est bien à cela que le poète réserve l'essentiel de son effort critique dans les grands articles de sa maturité, qui le voient affronter la double question en miroir de l'écriture et du livre. *Crise de vers, L'Action restreinte, Étalages, Le Livre, instrument spirituel* : tous ces textes prennent diversement « acte » du nouvel ordre de « rapports », qui ne sont pas seulement de temporalité mais aussi de surface sociale, en train de s'instaurer entre la haute littérature et les modes de communication et de production culturelles qui désormais lui font escorte ou concurrence. Qu'est-ce donc qu'écrire sinon un « jeu insensé » et sait-on « s'il y a lieu » encore d'« écrire » au moment où la grande presse, entrée dans son âge d'or, soumet l'ensemble des discours au primat médiatiquement construit et socialement admis de l'information ? Qu'est-ce qu'un livre — et quelle utopie du Livre faut-il concevoir — à l'heure où la profane feuille volante du journal paraît moins fragile que le « divin bouquin » et où, dans le « haut commerce [des] lettres », la machine éditoriale s'emballe jusqu'à s'enrayer ? Et que reste-t-il du « magique concept de l'Œuvre » dès lors que triomphent la production et la reproduction sérielles et que font leur apparition, sur les premiers écrans de cinéma ou les rouleaux du phonographe, des œuvres dont les formes et les modes de circulation semblent bien près de renvoyer les Lettres et leurs rituels à un passé reculant à toute allure ?

À la différence de Villiers qui édifia tout un roman, *L'Ève future*, autour du personnage déjà mythique d'Edison, Mallarmé a peu évoqué les nouveaux médias de son temps, sinon allusivement ou par clin d'œil. Ainsi lorsque, interrogé en 1898 sur l'avenir du livre illustré, il suppose que le « déroulement [du cinématographe] remplacera, images et textes, maint volume, avantageusement » (*O.C.*, p. 878) ou lorsqu'il définit le « Livre » comme un « instrument spirituel » (*Div.*, p. 266) et l'assimile à une « grande machine » combinatoire à « mettre en branle[1] ». La presse d'information, qui connaît après 1875 un essor prodigieux en nombre de titres, en tirage et en puissance d'impact, a en revanche exercé sur lui une puissante fascination-répulsion, au point de lui fournir certains de ses cadres théoriques les plus structurants.

Peu de ses proses critiques résisteront à la tentation d'en référer au journal, cet anti-livre soumis à obsolescence quotidienne, ou au journalisme, cette non-écriture vouée au seul commerce de l'événementiel. Le plus souvent pour en démarquer l'usage littéraire du langage — « exception » définitoire à la règle de « l'universel *reportage* » (*Div.*, p. 251) — et promouvoir à l'opposé l'idéal d'un livre irréductible à « l'insupportable colonne qu'on [se] contente [dans les journaux] de distribuer en dimensions de page, cent et cent fois » (*Div.*, p. 271). Parfois pour capter dans le dispositif typographique du journal les moyens d'une refonte du livre, conçu comme « expansion totale de la lettre », mobile jeu d'espaces et de plis, mosaïque de caractères et de lignes « à emplacement gradué » (*Div.*, p. 269-271) —

1. Feuillet 30 A des esquisses du Livre éditées par Jacques Scherer, Gallimard, 1977.

soit en quelque sorte ce dont le *Coup de dés*, en prélude probable au Livre, constituera le magnifique prototype.

Rien donc de plus ambivalent que le rapport de Mallarmé aux supports et aux rituels de la société de l'information, dont l'aube prend chez lui les couleurs d'un crépuscule ou d'un exil doré, ceux auxquels l'emprise grandissante du journal et de l'écriture de presse semble condamner l'empire déclinant du livre et de la littérature. Rien aussi de plus dialectiquement fécond. Car on ne peut séparer la « révolution du langage poétique » dont il s'est fait le premier théoricien, de l'occupation toujours plus massive du champ de l'écrit par une pratique dilapidant le langage et les signes dans la relation des faits et la mise en circulation quotidienne d'une monnaie d'événements grandioses ou banals (et banals à force de faux grandiose). De même, on ne saurait dissocier l'insistance qu'il porte en permanence sur la dimension graphique du texte et sur ses formes véhiculaires — la page, le livre et tout espace de profération — du fort indice de résonance et d'innovation typographique détenu par le journal, et plus largement d'un état de civilisation où la légitimité sociale et jusqu'à l'existence de toute idée comme de tout événement viennent à dépendre de leur inscription médiatique (s'il y a quelque chose à quoi, selon sa « proposition », « tout, au monde, existe pour aboutir », ce n'est pas en réalité le « livre [s'il] tarde tel qu'il est » (*Div.*, p. 267-268), c'est plutôt le journal, en cela modèle partiel du Livre à venir).

À l'avant-dernière page du *Coup de dés,* produit hybride du livre et du journal, s'affiche en capitales : RIEN N'AURA EU LIEU QUE LE LIEU (*C.D.D.*, p. 426-427). Proposition énigmatique, abondamment glosée, évidemment polysémique, dans laquelle on peut lire, dans la perspective qui vient d'être tracée, aussi bien la formulation rétrospective de ce que ce texte a réalisé (sa fusion dynamique avec son propre « lieu » d'inscription : le support du livre-journal), qu'une sorte de manifeste anticipant sur le fameux slogan macluhanien *Le message c'est le médium* : le « lieu » ou le support de l'œuvre est l'œuvre même.

Mallarmé, premier théoricien critique de la société médiatique ? N'allons pas jusque-là, quoique tant de pistes y conduisent. L'un des premiers, sans doute, à s'être fixé pour tâche d'adapter l'écriture poétique à d'autres conditions d'exercice, et au sein d'un nouvel environnement technoculturel dont ses pairs, crispés dans leur « indifférence » à l'égard des *mass media* naissants, n'ont guère mesuré le pouvoir d'emprise sur leur propre démarche. Sa lucidité est là-dessus sans faille et reste, à cent ans d'écart, saisissante :

« Telle aventure [celle de la presse] laisse indifférents certains, parce qu'imaginent-ils, à un peu plus ou moins de rareté et de sublime près dans le plaisir goûté par les gens, la situation se maintient quant à ce qui, seul, est précieux et haut, immesurablement et connu du nom de Poésie. [...] À jauger l'extraordinaire surproduction actuelle, où la Presse cède son moyen intelligemment, la notion prévaut, cependant, de quelque chose de très décisif, qui s'élabore : comme avant une ère, un concours pour la fondation du Poème populaire moderne [...] : dont une majorité lisante soudain inventée s'émerveillera » (*Div.*, p. 263-264).

4. L'ESPACE DES *POÉSIES*

L'étonnant, pour qui s'attendrait à ce que les transformations de l'espace social se reflètent directement dans les textes qui s'y élaborent, est que les poésies mallarméennes ne relaient guère cette modernité explorée par les proses. Leur matériel thématique — étoffes, bijoux, vases kitsch, miroirs vénitiens, éventails — garde bien trace de la passion fétichiste du poète pour les vêtements, les parures et les articles de mode dont il tint la chronique durant l'automne-hiver 1874 dans *La Dernière Mode*, mais rien n'y transparaît, dirait-on, de l'intérêt non moins passionné que le prosateur porta aux dispositifs de communication et aux bouleversements culturels de son temps. Tout semble au contraire s'être passé comme si l'écriture proprement poétique de Mallarmé s'était laissé gagner par cette indifférence au monde moderne que ses proses dénonçaient ou comme s'il avait confié au Livre toujours différé l'impérieuse mission de relever les défis cumulés de l'impressionnisme (l'œuvre achevée par le regard), du wagnérisme (l'œuvre totale) et du journal (l'œuvre à publication permanente, en prise sur une « majorité lisante »).

BILLET

La presse n'occupe ainsi aucune place marquante dans le répertoire des *Poésies* — sinon hors recueil, dans l'une des *Chansons bas*, consacrée au *crieur d'imprimés* (*A.P.*, p. 162). Ce qui n'exclut pas quelques allusions ironiques au monde du journalisme, comme dans le « tourbillon » métaphorique du *Billet* à Whistler (p. 53), où le « noir vol de chapeaux » évoque à la fois l'envol des couvre-chefs dans « la rue » balayée par un coup de vent et l'envol rédactionnel des « chapeaux[1] » sous les bourrasques de l'actualité : autant de « rafales à propos/De rien » avec quoi les journaux — « et leur tourbillon », dit ailleurs Mallarmé (*Div.*, p. 254) — « occup[ent] » et « rebatt[ent] » sans fin l'opinion publique (dont « la rue » est la métonymie journalistique figée).

1. Le chapeau, mot de la tribu journalistique, désigne le texte bref à fonction d'accroche (composé le plus souvent en gras) placé en tête des articles. L'hypallage « noir vol » revient dans le *Tombeau d'Edgar Poe* (« noirs vols du Blasphème », p. 60) pour figurer la propagation de la rumeur (venant d'« Eux »).

Cet inégal coefficient de modernité des proses et des poésies explique pour une part que celles-ci, après avoir représenté pour deux générations de lecteurs de Mallarmé le sommet de son œuvre, se soient quelque peu éclipsées à partir des années soixante au profit non seulement du *Coup de dés*, incommensurable coup d'audace, mais aussi de ce qu'il appelait ses « poèmes critiques », instance d'élaboration d'une forme hybride et d'une réflexion sur la formalité poétique. Les sonnets et autres pièces en vers parurent d'autre part prisonniers d'un genre (la poésie) et d'une époque de ce genre (le symbolisme), dont les écrits théoriques leur ayant fait escorte avaient travaillé simultanément à « mine[r] les substructions » (*O.C.*, p. 654)[2].

2. Voir, sur ce point, les propos de Francis Ponge (Dossier, p. 220).

Déclassement et constat justifiés par le contenu (manifeste) des *Poésies*. Peu légitimes cependant au regard de ce qui a rejailli de leur contexte de formation sur la logique de leur écriture ou, pour mieux dire, sur la conscience formelle que celle-ci a mise à l'œuvre. Car c'est par là que Mallarmé est poétiquement comptable des transformations de la seconde moitié du siècle et des « crises » diverses qui en furent les symptômes, la plus emblématique et peut-être la moins profonde ayant été celle du vers libre, qu'il rapportait à « l'inexpliqué besoin d'individualité » se propageant « dans une société sans stabilité[1] ».

Ce vers « polymorphe », expression prosodique d'une instabilité sociale, celui qui en expliquait ainsi le surgissement n'en a pas fait choix, pour des raisons que nous dirons. Lorsque ce modèle sans code fait irruption sur la scène poétique, Mallarmé est engagé depuis vingt ans sur une autre voie, qui le conduit à « creus[er] le vers » (*C.L.*, p. 297). Comprenons qu'il s'agit pour lui, au prix d'un évidement du sens, d'encercler formellement une sorte de Néant primordial et, dans le même mouvement, de porter le vers à l'extrême limite de ses possibilités expressives.

L'opération en remonte certes à la mise en chantier d'*Hérodiade* et à la crise tout intérieure où la composition de ce poème asphyxiant devait plonger son auteur. Mais elle prend après la montée du poète à Paris une dimension ludique et déconstructrice rendant compte d'une autre crise, née de l'écart éprouvé par lui entre le modèle formel à sa disposition (le vers parnassien dans son corset doctrinaire) et les possibilités de renouvellement esthétique dont il fait l'expérience sur d'autres terrains. L'énergie de rupture animant son travail poétique au cours des années 1870, alors qu'il découvre tour à tour à Londres l'art décoratif, à Paris

[1] J. Huret, *Enquête sur l'évolution littéraire*, op. cit., p. 74.

l'effraction impressionniste et à la direction de *La Dernière Mode* les séductions de l'éphémère et les rituels de la mondanité, n'est pas étrangère en effet au décalage entre un champ poétique congelé dans les dogmes du Parnasse et l'espace culturel en surchauffe que ses besognes journalistiques et sa propagande en faveur de Manet l'amènent à arpenter. D'une part : enfermement dans des formes sclérosantes et une idée sclérosée de ce que c'est que la forme. D'autre part : novation et nouveautés, exaspération des changements, brisure des cycles séculaires, invention d'un style de représentation en prise sur la modernité.

C'est à partir de là en tout cas que l'univers poétique de Mallarmé implose et abandonne les grandes régions lyriques où se déployaient ses premiers poèmes publiés pour se replier sur lui-même : sujets ténus, minimalistes, volontiers quelconques, confiés à de mystérieuses organisations verbales ; scènes érotiques à forte dimension fétichiste ; lieux désertés, où résonne une voix à la fois solennelle et ironique[1]. Désormais l'exploration du langage au moyen du langage l'emportera sur la mise en application de solutions formelles toutes prêtes. Et Mallarmé rejoint ainsi le double geste qu'il salue au même moment chez Manet : rupture d'une part avec la vieillerie académique, ses techniques trop éprouvées et ses sujets grandiloquents ; primat donné d'autre part à l'acte pictural sur les sujets à peindre. S'il y a en effet, dans les *Poésies*, quelque chose d'apparenté à l'impressionnisme, il faut en chercher les

---

1. Voir chap. III, p. 124-139.

traces non dans leur répertoire thématique — quand bien même y relève-t-on des natures mortes au vase ou au bouquet et quelques scènes de plein air[1] —, mais dans leur texture, dans les « reflets réciproques » dont « s'allument » les éléments qu'elles agencent (*Div.*, p. 248), en un mot dans leur *rhétorique*[2].

Les *Poésies* font escorte aux proses critiques, jusque dans le corps à corps de celles-ci avec la modernité médiatique, autant que les proses en accompagnent la marche pour en fixer les enjeux. Laboratoire et fabrique, « cinéraire amphore » et « tombeau », leur ensemble forme sans doute la plus remarquable archive dont nous disposions touchant aux relations entretenues par l'intériorité formelle du jeu littéraire et l'extériorité de ses supports, et plus largement l'espace social où ce jeu s'exerce. Bref, malgré la relative défaveur où elles sont tombées dans les sphères de la critique textuelle de pointe, malgré la grande ombre portée rétrospectivement sur elles par le *Coup de dés*, malgré l'horizon du Livre absent mais virtuellement contenu dans « le réseau des communications » (*Div.*, p. 265) radiographié par les poèmes critiques — il faut revenir aux *Poésies*.

---

1. Ainsi dans *L'Après-midi d'un faune* (p. 35-39) ou dans *Petit air*, scène de natation jubilatoire (p. 54).

2. Voir chap. IV, p. 175-181.

II   ARCHITEXTURES

Revenir aux *Poésies* impose d'en passer par l'objet apparemment banal sous l'aspect duquel, une fois réunies et publiées, elles se présentent : un livre. Ou du moins — car, on le verra, c'est loin d'être la même chose dans l'esprit de Mallarmé : un recueil.

Peu d'auteurs ont dépensé autant d'énergie théorique à sonder les ressources et les limites du médium-livre. Pour la plupart, l'écriture s'arrête où leur plume dépose le point final : le reste n'est qu'affaire de technique d'impression et de sous-traitance éditoriale. Pour Mallarmé au contraire, qui s'est intéressé de près au commerce de la librairie[1] et dont la correspondance garde trace de ses interminables négociations typographiques avec ses éditeurs, rien du texte n'est étranger au livre, ni même à l'espace économique et social à l'intérieur duquel celui-ci prend forme et se propage.

Selon qu'il porte ou non la majuscule, le livre nomme chez lui tantôt un concept unificateur et la perspective d'un grand Texte-objet à l'intérieur duquel ce concept trouverait à s'ébattre, « le Livre, instrument spirituel », tantôt la forme matérielle d'un livre-modèle, ne laissant aucune place au hasard. Ce livre-modèle, souligne-t-il, serait « expansion totale de la lettre », c'est-à-dire une structure à l'intérieur de laquelle chaque texte ou groupe de textes détiendrait les propriétés assumées par tout vers au sein d'un poème parfaitement construit. De même, en effet, qu'« immémorialement le poète sut la place de [tel] vers, dans le sonnet qui s'inscrit pour l'esprit ou sur

---

1. Voir notamment *Étalages*, article analysant la crise de surproduction éditoriale de l'hiver 1891-1892 (*Div.*, p. 259-266).

l'espace pur », de même « la fabrication du livre, en l'ensemble qui s'épanouira, commence, dès une phrase » (*Div.*, p. 269). De ce point de vue, le livre idéal formerait une sorte de « volume » au sens géométrique, imbriquant en gigogne plusieurs structures, allant de la lettre au mot, du mot au vers, du vers au poème et du poème à l'ensemble qui en fixe la place.

L'intérêt porté par Mallarmé au support du livre[1] s'est surtout attaché aux ressources symboliques d'un dispositif d'inscription et de diffusion. D'inscription, parce que l'« acte » poétique, insistait-il, « toujours s'applique à du papier » et que « méditer, sans traces, devient évanescent » (*Div.*, p. 254) ; de diffusion, parce que les produits de cet acte ne prennent sens et effet que « publi[és] » (*Div.*, p. 257). En amont, le livre sera travaillé comme un matériau d'expression à part entière : l'activité poétique, force agençant des formes, s'y prolongera dans la mise en ordre des pièces, dans leur composition typographique et leur disposition sur la page, dans le dosage des blancs qui les encadrent[2]. En aval, le livre sera « mentale denrée », à savoir un objet culturel dont les conditions d'existence dépendront de sa diffusion dans un espace spécifique et de sa réception à bonne fin : ce qui exige d'une part que les textes qu'il articule contiennent leur propre programme de lecture, d'autre part que son enveloppe, qui déjà mentionne l'expéditeur (le nom de l'auteur, associé à celui de l'éditeur), porte aussi l'adresse d'une sorte de lecteur-modèle.

---

1. Cet intérêt n'a pas seulement été décoratif : « les bibliophiles », disait-il, sont « gens qui ne lisent point » (*Corr.*, II, p. 119).

2. Bref, dans tout ce que Gérard Genette a enregistré sous la notion de paratexte, défini comme tout « ce par quoi un texte se fait livre » (*Seuils*, Seuil, 1987, p. 7).

1. BORDS : LE PARATEXTE LIMINAIRE

POÉSIES

<u>On a dit déjà la discrétion de cet intitulé, qui semble aller de soi mais dont la banalité, par là s'annulant, rompt avec les effets de titre recherchés par les grands ouvrages poétiques du siècle.</u> Ajoutons à présent que la distinction opérée par Genette entre titre thématique (renvoyant à l'objet du texte) et titre rhématique (renvoyant au texte-objet)[1] le classe dans la seconde catégorie, puisqu'il ne désigne, en fait de contenu, qu'une pluralité de pièces relevant du genre poétique.

1. *Ibid.*, p. 74-76.

La chose est assez rare à l'époque de Mallarmé pour être soulignée. Si de l'Antiquité au XVIIIe siècle le titre rhématique fut pratiqué d'abondance — *Odes, Sonnets, Épîtres, Élégies* —, les poètes post-classiques ont de préférence recours au titre thématique — *Châtiments, Les Fleurs du mal, Les Trophées, Le Coffret de santal, Minutes de sable mémorial* — ou du moins à l'intitulé hybride, dans lequel la mention du genre ou de la forme est assortie d'une précision de contenu ou de tonalité : *Méditations poétiques, Odes funambulesques, Poèmes barbares, Romances sans parole*. Changement de paradigme à référer aussi bien à un effet de couverture appelé par l'inflation éditoriale moderne (où chaque livre, pour exister dans la masse, devra s'en détacher par une singularité affichée) qu'à l'évolution propre de la pratique poétique à partir du romantisme, qui ne se moulera plus, en le faisant savoir dès la page de titre, dans les formes rituelles auxquelles s'obligeaient les poètes antérieurs. À cette règle générale Mallarmé fait exception, et à hauteur littéraire égale on ne voit guère qu'Isidore Ducasse parmi ses contemporains[2]

2. Rimbaud mis à part, dont les *Poésies* n'ont pas été rassemblées par lui et qui, dans son seul livre auto-édité, *Une saison en enfer*, se conforme à l'usage courant.

pour avoir donné le même titre minimaliste à deux fascicules (de prose) parus en avril et juin 1870, *Poésies I* et *II*.

- Ce titre déroge trop aux habitudes pour être aussi neutre qu'il veut le paraître. Passons vite sur le plus évident. L'écriture mallarméenne s'effectue sous l'empire de la soustraction, de l'effacement, de l'absence et, en même temps, d'une présence obsédante qui est celle du texte lui-même dans son processus de production : rien ne pouvait mieux lui convenir qu'un intitulé à la fois général et générique, sans spécification de contenu ni de ton.
- On se souvient par ailleurs de l'accent que le poète plaçait, à l'intention de Verlaine, sur le caractère expérimental et sériel de ses écrits : « tout cela n'avait d'autre valeur momentanée [...] que de m'entretenir la main », ajoutant que, dans la suite éditoriale à y donner, « cela contiendr[ait] plusieurs séries, pourr[ait] même aller indéfiniment ». Ce double message, *Poésies* le condense en un mot unique au pluriel : *poésie* (plutôt que « poème ») parce qu'il s'agit de faire valoir en chaque texte l'acte (d'écriture mais aussi de lecture) qui continue de l'engendrer[1] ; et *poésies* au pluriel, en l'absence de toute limitation de contenu, afin de désigner un ensemble virtuellement illimité d'expériences formelles.
- Reste au moins un secret à caractère ironique, dévoilé par la bibliographie finale. Mallarmé y présente son recueil comme un « Premier Cahier » (p. 73) et c'est pour lui

1. Le mot poésie signifie étymologiquement travail, fabrication, production.

sans doute une façon de dire que l'ensemble des pages qu'il vient d'offrir au lecteur en annonce d'autres. *Cahier* a toutefois un autre sens — assemblage de feuilles destinées à l'écriture manuscrite — et rappelle à soi non seulement l'une des expressions dont il usait pour désigner ses poèmes (« mes devoirs de collégien », *Corr.*, V, p. 64), mais aussi l'image de ces carnets où les poètes en herbe calligraphient leurs émotions lyriques ou encore de ces « albums » dont les pages accueillent divers morceaux composant une anthologie toute personnelle. Titre rituel porté sur la couverture de ces livres privés : *Poésies*[1]...

1. « Je ne les collerai sur des pages, disait-il à Verlaine de ses textes épars, que comme on fait une collection de chiffons d'étoffes séculaires ou précieuses. Avec ce mot condamnatoire d'*Album*, dans le titre, *Album de vers et de prose*, je ne sais pas » (*C.L.*, p. 587).

BIBLIOGRAPHIE

Sa fonction d'adresse, la bibliographie composée par « déférence aux scoliastes futurs » l'affiche en inscrivant à la clôture du recueil l'horizon d'une lecture (savante). Instrumental ou documentaire, ce texte n'en est pas moins placé sous le signe d'une ambiguïté proliférante (p. 73-74).
• Notons d'abord qu'il loge dans une simple énumération de lieux et de moments de parution ou d'écriture un paragraphe de statut lui-même assez ambigu — « Beaucoup de ces poèmes [...] autour un Public se former » — puisqu'il exprime à la fois la « raison » d'être du recueil (la fidélité et l'attente d'« un Public » ayant fléchi l'insatisfaction de « l'auteur ») et une sorte de programme esthétique assimilant les pièces recueillies à des « études en vue de mieux » ou à des

« note[s] de projets ». Se réexprime ainsi la tension contradictoire propre à l'écriture mallarméenne, production de textes en même temps bouclés et ouverts sur « autre chose » s'élaborant à travers eux.

• À cette instabilité du message s'ajoute la temporalité pour le moins indécidable dans laquelle celui-ci se donne à lire. Tirant à la fois vers un avenir vague (celui des « scoliastes *futurs* » auxquels s'adresse ce « *Premier* Cahier ») et vers un passé précis (celui des circonstances de publication des poésies), la bibliographie pourrait bien communiquer sa propre oscillation entre deux temps à l'ensemble du recueil qu'elle complète et commente : autant de performances sans autre présent que celui d'une écriture à fonction souvent funéraire ou commémorative (tout poème mallarméen est un « tombeau », sans autre présence que leur découpe en « dalle » sur la page.

• Rien enfin n'obligeait Mallarmé à détailler de la sorte les lieux et contextes de publication de ses poésies, sinon l'obligeance qu'il entend — et qu'il dit — témoigner à leurs futurs lecteurs. C'est qu'en réalité il y va moins là d'un scrupule proprement bibliographique que d'un souci de réinscrire l'écriture des *Poésies* dans une esthétique de la circonstance et, au plus essentiel, dans une éthique et une économie du don. Don aux « scoliastes », à qui par avance la bibliographie s'offre elle-même dans toute sa « minutie » apparemment documentaire. Don surtout, renouvelé, à tous ceux, nommés tour à tour, amis proches, fille d'un « vieux camarade », tel illustrateur ou tel personnage de fiction (des Esseintes), éditeurs et directeurs de revues littéraires, poètes, musiciens ou artistes disparus, à la demande desquels ou en hommage auxquels les poésies se sont tour à tour écrites. Ce qui revient d'un même geste à s'absoudre d'avoir « indiscrètement » repris d'une main, au profit d'un « Public » anonyme, ce que l'autre avait donné à telles ombres chères, à tels amis ou revues accueillantes. Car ce qui a été donné ne se reprend pas sans annuler la générosité première. Seul moyen de conjurer ce risque : reproduire l'acte de donation, en en rappelant et les bénéficiaires et les occasions.

DE *SALUT* À *MES BOUQUINS REFERMÉS*

À l'offrande bibliographique aux « scoliastes futurs » répond symétriquement cette autre adresse que formule — dès son titre : *Salut* — le sonnet figurant en tête du recueil. Texte protocolaire à tous égards et dont Mallarmé souhaitait qu'il fût composé dans un autre caractère que la suite (ici l'italique) afin de mieux le démarquer de l'ensemble qu'il ouvre à la manière d'une dédicace, d'une épigraphe ou d'une préface[1].

Prononcé à l'origine en guise de *Toast* (son premier titre) lors d'un banquet poétique présidé par Mallarmé, ce sonnet rendait hommage aux poètes rassemblés pour la cause (en « *troupe/De sirènes* ») et discourait avec la solennité ironique et la modestie

1. Dédicace, épigraphe, préface, *Salut* est tout cela à la fois.

affectée qui conviennent à pareille occasion et à tel poste d'énonciation de l'écriture poétique, assimilée à une navigation hasardeuse (celui qui lève son verre et prend la parole, l'aîné, le Maître, se tenant « *debout* », « *sur la poupe* », donc à l'arrière, mais cependant à la barre). De quoi parle-t-il à cette place, ici et maintenant ? De la lecture[1]. Ou plus exactement d'un mode de lecture appelé à s'approprier à une écriture dont le régime d'activité procède contradictoirement d'un contexte performatif (que le texte « *désigne* » avec la plus grande force déictique : « cette *écume* »)[2] et d'un puissant autotélisme (le « *vierge vers* » ne désignant « *rien* » d'autre en vérité « *que la coupe* », soit le verre homonyme et la césure prosodique), l'un et l'autre redoublés par un flottement calculé du sens, figuré par le « *tangage* », l'« *ivresse* » ou mieux encore par ce « *n'importe ce qui valut* » laissant au gré de l'exécutant le soin de choisir, en fait de métaphore conductrice propre à définir l'enjeu poétique, entre trois possibilités données pour équivalentes : « *Solitude, récit, étoile.* » Au lecteur en somme — stimulé par la polysémie même du texte qui l'y invite et compris dès lors au nombre des « *divers/Amis* » que le poète interpelle — de prendre à son tour la barre ou du moins de monter à bord de la nef poétique.

Aussitôt pris dans le mouvement qu'il embraie, *Salut* ouvre le jeu dont il formule les règles : prolonger le sens, déplier les formes, participer à l'exploit du texte. À l'autre extrémité du recueil, *Mes bouquins refermés sur le nom de Paphos* (p. 72) thémati-

1. Rien n'illustre mieux le pouvoir symbolique du support-livre que ce retournement de point de vue, autorisé par une place stratégique en tête de volume et appuyé par un changement de titre.

2. Exécutant l'acte qu'il énonce, le seul mot de « salut », dès que perçu par le lecteur, relève déjà de la catégorie des performatifs.

sera le rôle paratextuel qu'il assume : signal de clôture, mais fixant moins un point d'achèvement que le lieu d'un arrêt méditatif, laissant ouverte l'aventure de la signification : « Je pense plus longtemps peut-être éperdûment/À l'autre, au sein brûlé d'une antique amazone. »

L'effet de cadre tient aussi au réseau thématique qui relie ces deux textes à soixante-dix pages d'écart : « *Écume[s]* » d'un côté, blancheur de l'autre (« *blanc souci de notre toile* »/« *très blanc ébat au ras du sol* ») ; d'une part la soif et l'« *ivresse* » à laquelle, trop généreusement étanchée, elle conduit, d'autre part une « faim qui d'aucuns fruits ici ne se régale ». Relevons encore l'écho fait au « *Rien* », premier mot très emblématique du premier poème, par cette « autre » absence en position de chiasme au dernier vers du poème final : le « sein brûlé » d'une « amazone ». Notons enfin, « *sirènes* » ici, « amazone » là, une double référence à deux figures mythiques d'une féminité charmeuse et prédatrice, l'une et l'autre implicitement rapportées à une poésie à la fois séductrice et périlleuse. Car s'il n'est pas pour Mallarmé de poésie sans poétique de la lecture, il n'y a pas non plus de lecture qui vaille où ne s'engagerait à ses risques et profits une véritable responsabilité symbolique.

---

2. STRUCTURES INTERNES : L'ALBUM ET LE LIVRE

Passé le texte introductif, les signes paratextuels se raréfient. Contrairement à Baudelaire qui avait distribué *Les Fleurs du mal* en six groupes identifiés par un jeu d'intertitres,

Mallarmé s'est abstenu de diviser son recueil en sous-parties nettement séparées, renonçant même au principe de « groupement » qu'il avait suivi dans « l'Édition fac-similé » de 1887 (p. 73).

Chez un architecte du Livre, ayant mis plusieurs années à arrêter la maquette des *Poésies*, cette organisation minimaliste n'est pas indifférente. D'une certaine manière, elle étend le message adressé par *Salut* à la structure interne du recueil. Espace à explorer, celui-ci ne proposera aucun itinéraire privilégié, sinon l'ordre peu impératif ménagé par la succession des pièces au fil des feuillets. Libre à chacun d'y frayer son propre chemin, d'ouvrir le volume à son gré, d'aller d'emblée à tels textes en négligeant tels autres, quitte à y revenir, ou pas, et sachant que tout parcours, en s'y orientant, orientera le sens de l'œuvre parcourue[1].

L'absence de divisions et d'intertitres remplit encore un autre office. Dès 1866, préparant sa contribution au *Parnasse contemporain*, Mallarmé insistait auprès de Catulle Mendès pour que ses textes soient mis en page de manière à préserver leur autonomie formelle : « Je voudrais un grand blanc après [chacun d'eux], un repos, car ils n'ont pas été composés pour se suivre ainsi, et bien que, grâce à l'ordre qu'ils occupent, les premiers servent d'initiateurs aux derniers, je désirerais bien qu'on ne les lût pas d'une traite et comme cherchant une suite d'états de l'âme résultant les uns des autres, ce qui n'est pas, et gâterait le plaisir particulier de chacun » (*C.L.*, p. 294).

---

1. Lire par exemple les poésies parnassiennes *après* les sonnets qu'ils précèdent en modifiera considérablement le sens et la portée.

« Minuties, vraiment chinoises », concédait-il aussitôt, mais faisant corps avec une poétique formaliste pliant à sa propre loi, par-delà les poèmes où elle s'exerce, leur inscription typographique et leur régime de lecture, soumis à un réciproque principe de discontinuité : discontinuité des textes, qui se suivront sans s'enchaîner explicitement l'un à l'autre, et discontinuité d'une lecture qui évitera de les parcourir « d'une traite », à charge pour elle d'éprouver en chacun le « plaisir particulier » émanant de sa cohérence interne et de sa densité rhétorique.

L'absence d'intertitrage connaît deux exceptions, bien propres toutefois à conforter le formalisme mallarméen : d'une part, la section des *Chansons bas* (p. 51-52), intégrant au recueil deux sonnets empruntés au cycle du même titre (voir *A.P.*, p. 161-162), et, d'autre part, la section *Plusieurs sonnets* rassemblant les quatre poèmes qui précèdent la série des *Tombeaux* et *Hommages* [1]. Soit deux intitrés renvoyant non au sujet des textes mais à leur être formel (chansons/sonnets), et dont le second représente même une sorte de degré zéro ou de dénégation du classement, en ceci qu'il ne désigne rien d'autre, à l'image du titre du recueil, qu'une pluralité indéfinie (« plusieurs »).

[1]. Aucun nouvel intertitre ne venant fixer de limite en aval, cette section pourrait cependant, en toute hypothèse, couvrir tout le reste du recueil (fait exclusivement de « sonnets »).

L'ALBUM : UNE ÉCONOMIE DU DON

Si les *Poésies* se suivent en série discontinue, c'est aussi, Mallarmé ne cesse d'y insister, que leur composition s'est elle-même développée au gré des opportunités et des occasions, demandes ou commandes, remémorations ou commémorations, hommages à témoigner ou à rendre. Publiées d'abord comme telles ou inscrites dans quelques livres d'or ou albums privés, elles n'ont répondu à aucun schéma directeur. Nul besoin donc, sauf à rompre le lien symbolique qui les rattache à leurs circonstances respectives, de fabriquer avec elles la fiction d'un livre : leur ensemble disparate continuera de faire signe en direction de leurs contextes d'écriture et de publication, éloge à nouveau rendu à leurs premiers destinataires ou à leurs commanditaires originaux, qui en furent à ce titre les coauteurs (de là aussi l'insistance bibliographique à rappeler leur nom).

C'est dans l'esprit d'une telle reconnaissance de dette qu'il faut comprendre le fait que Mallarmé n'ait confectionné son recueil qu'à l'aide de textes déjà publiés, fût-ce à titre privé, comme c'est le cas d'ailleurs unique du second *Petit air*, appartenant, précise-t-il, « à l'album de M. Daudet » (p. 74). Car cette option n'allait pas de soi : maître désormais très entouré, il aurait pu après tout saisir l'occasion de faire connaître à son public quelques poésies nouvelles. Signe qu'il tenait à préserver le principe de l'Album, recyclage de pièces ayant passé par l'épreuve de leur circulation dans une communauté de lecture (« un Public ») et ayant déjà satisfait au double rituel de la commande et de l'offrande dont il ne séparera plus, après 1875, sa pratique de poète.

Nous dirons la portée critique de ce principe de circulation et d'échange auquel le dernier Mallarmé devait soumettre son travail poétique. L'important ici est que ce principe soit doublement figuré au sein du recueil, où nombre de poésies y réfèrent et où certaines sont même disposées de manière à exprimer par les places qu'elles occupent une sorte d'économie générale de l'envoi et de la destination.

Placet [1], *Aumône*, *Don du poème*, *Hommage* (à Wagner, à Puvis de Chavanne), *Toast funèbre* (à la mémoire de Gautier), *Remémoration d'amis belges*, *Billet* (à Whistler) : un simple relevé de quelques titres confirme que la problématique du don se monnaie sous diverses espèces dans tout l'espace du recueil. Tantôt explicitement lorsqu'un titre en effet y accroche tel poème. Tantôt plus ou moins par la bande, lorsqu'une forme rituelle (celle du tombeau par exemple, honneur rendu aux ombres de Poe, de Baudelaire ou de Verlaine, p. 60-62), un mode commémoratif (celui du sonnet composé en 1898 pour le quatre centième anniversaire du doublage du « cap » de Bonne-Espérance par Vasco de Gama, p. 65), une dédicace (la *Prose* « pour des Esseintes », p. 44) ou un discours offrant l'objet et portant sur l'objet dont le nom lui tiendra lieu d'intitulé (soit les deux *Éventails* de Madame et Mademoiselle Mallarmé, p. 47-48) confère au texte, souvent en y figurant le geste, le statut d'une dîme poétique versée à la gloire, à l'Histoire, au service littéraire rendu (Huysmans faisant lire Mallarmé par des Esseintes et, surtout, par le public d'*À rebours*) ou aux sujets de l'affection conjugale et paternelle. Tantôt encore lorsque le don, sans être amplement théma-

---

1. Placet : écrit à fonction de demande ou de requête, sollicitant l'audience ou les faveurs d'une haute autorité — roi, reine, prince ou, comme ici, « Princesse » (p. 8)

tisé, informe le lexique du poème (ainsi du *Pitre châtié*, « ingrat ! » d'ignorer que son « fard » forme tout son génie, p. 9) ou imprime au texte son mouvement, comme il en va du sonnet en -yx (p. 59), poème réflexif s'entamant par un vers où un objet s'adresse à lui-même sa propre matière, par une sorte de retour verbal sur soi (« dédier »)[1].

1. Retour purement verbal et complet, en effet, puisque « onyx » vient du grec *onux*, signifiant « ongle ».

SALUT

À cet égard encore la pièce liminaire ouvre le jeu, à la fois hommage amical à la petite société des poètes (« *ô mes divers/Amis* »), « *salut* » adressé au lecteur et texte préfacier s'offrant en viatique à celui qui aborde le recueil. Ne réduit-il pas d'ailleurs l'objet de l'offrande au geste qui l'offre (« *porter debout ce salut* ») et à ce qui l'accompagne (« *la coupe* » levée), comme en effet tout toast, discours de pure forme, réduit son sujet à l'acte solennel qu'il pose ?

Textes donnés, textes-dons

L'axe thématique du don et plus largement de l'adresse suit donc des trajets diffus. Distinguons en « points de repère » :
• d'abord *les textes* (dont un seul exemple se présente avec cette netteté) *mettant le don en scène* avec ses conditions d'effectuation et d'efficacité — ainsi d'*Aumône* (p. 24-25), abrupte interpellation d'un « Mendiant » commençant par un geste d'obole très impératif — « Prends ce sac » — et s'achevant par une formulation en deux temps de ce qui constitue la double exigence du don véritable, sans quoi celui-ci s'annule : l'oubli même de la générosité qu'il exprime (« Je

[...] veux que tu m'oublies ») et sa nécessaire inconvertibilité marchande (« Et surtout ne va pas, frère, acheter du pain »)[1] ;

- ensuite *les textes présentant et destinant l'objet d'un don* — cas fréquent dans les *Vers de circonstance*, où les quatrains se multiplient en accompagnement d'éventails, d'exemplaires dédicacés, de photographies, de fruits glacés, de cadeaux de nouvel an, d'œufs de Pâques, de galets d'Honfleur ou de cruches de calvados (voir *V.D.C.*, p. 93 *sq.*) ; moins représenté dans les *Poésies*, mais par deux poèmes-objets, les *Éventails* de Madame et de Mademoiselle Mallarmé (p. 47-48). Circonstanciel ou ludique, le texte poétique se subordonne à un rituel de sociabilité ou de familiarité, où le geste d'offrande est support et lien de communication ;
- d'autre part encore *tel texte faisant office de contre-don rendu à un autre texte* — soit la *Prose*, publiée (sinon composée) « pour des Esseintes » (p. 44-46), mais plus essentiellement en reconnaissance de dette envers la cooptation symbolique dont Huysmans a gratifié Mallarmé dans *À rebours*. De là ce titre paradoxal de *Prose*, renvoyant en miroir l'image du titre du roman[2] ; de là aussi cette manière de dédicace, salut adressé par l'intermédiaire de son personnage de fiction à celui auquel Mallarmé, en 1884-1885, doit d'avancer vers le devant de la scène poétique ; de là enfin la mise en jeu dans ce poème d'une rhétorique particulièrement complexe, en réponse à la luxuriance lexicale déployée par Huysmans dans son roman, selon une dynamique de renvoi et de suren-

---

1. Cette logique paradoxale a été déconstruite, notamment à partir de ce poème, par Jacques Derrida, *Donner le temps*, Galilée, 1991, p. 78-80.

2. *Prose* (de *prorsus* : en avant) désigne un discours linéaire et irréversible, à l'inverse de l'*à rebours*, sens étymologique du vers (de *versus*, part. passé de *vertere*, se retourner). Notons le rapport symétrique entre ces textes et leur titre : *Prose* pour un texte en vers, *à rebours* pour un texte en prose.

chère (ou d'« Hyperbole ») profondément complice de l'économie somptuaire du don/contre-don ;

• enfin *les textes faisant eux-mêmes, en se présentant comme tel, l'objet du don* — soit le cas des deux *Hommages* (p. 64-65), de *Sainte* (« petit poème mélodique » composé pour la fête de la marraine de Geneviève Mallarmé, p. 41) et celui, surtout, de *Don du poème* (p. 26), où « l'enfant », dont celui qui l'« apporte » et demande qu'on en « accueille [l']horrible naissance » est aussi celui qui l'a porté, vaut comme métaphore du poème ainsi intitulé.

DON DU POÈME

Les avatars titulaires de ce texte sont très éclairants. Composé vers 1865 et tenu jusqu'en 1883 en réserve de publication, il s'intitule d'abord *Le Jour*, puis *Le Poème nocturne*, ensuite *Dédidace du Poëme nocturne*, enfin *Don du poème* au moment de reparaître en 1884 dans l'anthologie verlainienne des *Poètes maudits*. Insistant au départ sur le contenu ou le moment du texte lui-même, passant ensuite par un moyen terme, où la forme de la « dédicace » apparaît comme une réalisation encore textualiste du don, le titre finit par articuler abstraitement l'un à l'autre le mobile du « Don » et le motif du « poème » (coupé cette fois de toute spécification thématique). On remarquera en outre que ce qu'il « apporte », en fait d'« enfant », n'est pas seulement lui-même, mais en un geste d'offrande et par un effet de préface interne au recueil, le poème qui lui fait immédiatement suite : *Hérodiade*, fille du royaume d'Edom, donc véritable « enfant [...] d'Idumée ».

La destination poétique

Double présent, puisqu'il se donne lui-même et donne à lire le texte qu'il précède, *Don du poème* relaie la fonction assumée par *Salut*. Celui-ci homologuait la lecture et l'écriture à une commune navigation et réduisait la parole à l'élocution performative d'un « *rien* » confondu avec la prise de parole ; celui-là institue l'acte du don en métaphore générale de la productivité poétique, sorte de contrat réciproque (« je t'apporte ») passé entre un donateur (anonyme : un « je » sans identité) et un bénéficiaire (collectif : un « tu » vague, en droit habitable par tout lecteur).

Cette généralité de structure est soutenue par les rapports particuliers que l'Album tisse avec ses destinataires originaux, morts ou vivants, réels ou fictifs. Des noms[1] se distribueront d'abondance, en titre ou en dédicace, mais le plus souvent à l'intérieur des textes, singulièrement dans leurs rimes finales : façon d'en inscrire l'adresse sur leur enveloppe formelle et de faire de ces noms les produits autant que les bénéficiaires de la formulation poétique. Gautier, des Esseintes, Poe, Baudelaire, Verlaine, Wagner, Puvis de Chavanne, Whistler, Madame et Mademoiselle Mallarmé, Vasco développeront le cercle d'admiration, de connivence, de remémoration ou de familiarité à l'intérieur duquel rayonne ce qu'il faut bien appeler, compte tenu de la relation communicationnelle qu'il mime et dont il procède, le *message* mallarméen[2].

---

[1]. Ou en certains cas tel titre social — la « Princesse » à qui s'adresse le *Placet futile* (p. 8) — ou telle identité collective — les « amis belges » remémorés par le sonnet qui leur rend hommage (p. 50).

[2]. Le premier texte connu de Mallarmé plaçait déjà le nom de la destinatrice en position rimante (« Ma chère Fanny/Ma bonne amie ») et faisait du nom du signataire son vers de conclusion : « Je promets de toujours t'aimer./Stéphane Mallarmé » (*A.P.*, p. 89).

Allusion, citation ou isomorphisme entre la structure du texte et ses supports originaux, nombre de *Poésies* tireront matière des circonstances auxquelles elles ont répondu. La poétique et l'univers imaginaire de l'auteur des *Fleurs du mal* hantent *Le Tombeau de Charles Baudelaire* (p. 61) — « boue et rubis » mélangés, décor urbain éclairé au « gaz récent » et scène de prostitution —, de même que l'écriture de Verlaine aère la syntaxe mallarméenne de son *Tombeau* : « Verlaine ? Il est caché parmi l'herbe, Verlaine » (p. 62). Bruges, sa « pierre veuve » et ses canaux, en écho intertextuel au roman de Rodenbach[1], habitent l'espace thématique de *Remémorations d'amis belges* (p. 50), de même que le titre (*The Whirlwind* : le tourbillon) et le fronton illustré du journal de Whistler (représentant une danseuse en tutu) informent le sujet et la syntaxe tourbillonnaire du *Billet* destiné à y paraître (p. 53). Plus significativement, *Autre éventail* mime, avec sa rhétorique contradictoire, ses strophes cloisonnées et son battement syntaxique, la structure matérielle et la mobilité de l'objet décrit et offert (p. 48)[2].

La disparate du recueil exprime en somme la dimension circonstancielle des pièces recueillies et réitère dans l'absolu l'acte de donation dont la plupart sont issues. Car il entre dans le principe même de l'Album, collection de textes prélevés sur d'autres ensembles, d'autres temporalités, d'autres espaces, d'être ainsi fait d'une mosaïque de signes, d'indices et de traces, qui furent en prise plus ou moins directe sur leur référent

---

1. *Bruges-la-Morte*, paru en 1892.

2. Sur ce poème-objet, voir chap. IV, p. 168-169.

ou leurs surfaces d'inscription mais qui désormais demeurent comme en suspens au sein du recueil — pointillé d'une désignation sans point d'aboutissement, donation reproduite « indiscrètement » au profit d'autres bénéficiaires (nous lecteurs), suggestion d'un lien contextuel ou conjoncturel sans doute rompu, mais rappelé, raccommodé, noué autrement.

Le recueil des *Poésies* est-il pour la cause « un livre » tel que Mallarmé disait ne pas les « aimer », « ceux épars et privés d'architecture » (*Div.*, p. 69) ? Rien de moins sûr et deux signes en font foi. D'abord le soin qu'il a apporté à l'encadrement paratextuel du volume, installant en position symétrique à chaque extrémité, ainsi qu'on l'a vu, un sonnet faisant office de portique (dessinant, au moins, le fantôme d'un édifice). Ensuite, de façon moins visible, le fait qu'il n'ait pas recueilli la totalité des poésies publiées avant 1894. Preuve, s'il n'en fallait qu'une, qu'à l'intérieur des limites qu'il s'était fixées (aucun inédit), le poète s'est imposé d'autres limitations, répondant probablement à des critères de qualité mais peut-être, aussi bien, à un souci d'équilibre et de cohérence.

Comment comprendre autrement que des textes de valeur égale aient été mis de côté, dont quelques-uns entretenaient avec certaines des pièces retenues des affinités thématiques ou structurales ? Ainsi du *Petit air (guerrier)* (*A.P.*, p. 163), troisième élément d'une série possible, celle des *Petits airs*, mais dont la tonalité comique se fût mal accordée avec le ton élégiaque de la deuxième des pièces finalement aménagées en diptyque ; ainsi des six autres *Chansons bas* (p. 161-162) qui auraient par trop gonflé sans doute la section des poèmes légers aux dépens des sections plus graves, ou du poème lesbien *Une négresse par le démon secouée* (p. 157), d'un érotisme trop brûlant ; ainsi encore du sonnet *Sur les bois oubliés* (p. 158-159), autre Tombeau à sa façon, mais devant peu au rituel de déploration toute littéraire dont procédèrent les *Tombeaux* de Poe, Baudelaire ou Verlaine ; ainsi enfin de l'*Éventail* de Méry Laurent (p. 162-163), exclu peut-être afin d'éviter par élégance de placer la maîtresse aux côtés de l'épouse et de la fille. Pures hypothèses : nous n'atteindrons pas à un ordre de raisons qui n'appartiennent qu'au poète. Mais que celui-ci ait posé des choix témoigne d'une intention organisatrice, susceptible d'affecter au recueil certaines des propriétés constitutives du livre au sens très radical où il l'entendait.

LE LIVRE-ALBUM : UNE « DISPOSITION FRAGMENTAIRE »

À Léo d'Orfer : « tout poëme d'un volume de vers doit pouvoir être lu à part et détaché, comme s'il n'appartenait pas à un ensemble ». L'Album remplit cette condition. « Mais l'heure est venue, ajoutait Mallarmé [s'agissant des poésies], de les grouper dans une architecture évidente et qui n'ait rien d'artificiel » (*Corr.*, II, p. 265). S'il n'a rien de « prémédité », l'Album peut donc au moins mimer le livre architectural et par là, suivant les termes de la lettre à Verlaine, « en faire scintiller » la possibilité (*C.L.*, p. 586). Cette « scintillation », l'édition Deman la fait naître au foyer de trois axes organisateurs, qui sont aussi trois modes concurrents d'agencement.

Époques

1. Dans une lettre à Édouard Dujardin, citée par François Van Laere, « Le hasard éliminé : l'ordonnance d'un livre de vers », *Synthèses*, 258-259, 1968, p. 107-108.

2. C'est du reste à cette enseigne qu'elles furent recueillies dans l'édition fac-similé de 1887.

3. Voir chap. IV, p. 177-181.

4. Certaines, comme *Sainte* (1865, p. 41) ou le sonnet en -yx (1868 pour sa première version, p. 239), ont été composées bien avant, mais tenues en réserve de publication.

Une chronologie d'abord, chose que Mallarmé, à en croire sa fille[1], n'aimait guère, sans doute parce qu'un tel agencement soumet l'espace proprement poétique du livre à l'hétéronomie du temps et du hasard. À l'exception de *Salut*, détaché en guise de préface, les *Poésies* ne s'en ajustent pas moins aux trois grands moments de son itinéraire esthétique, inégalement représentés en nombre de pièces.

Viennent en premier lieu, du *Guignon* à *Don du poème*, les poésies de l'époque parnassienne, soit seize pièces pour la plupart rapportées du premier *Parnasse contemporain*, organe central de l'école[2]. Suivent deux pièces maîtresses, *Hérodiade* puis *L'Après-midi d'un faune*, les plus longues du recueil et marquées au sceau d'une double hérésie — la première par la poétique de la suggestion qu'elle aura mise en œuvre, rompant avec l'idéal de représentation mimétique édicté par Leconte de Lisle[3] ; la seconde par une torsion conquérante du langage dont l'audace valut au poème d'être rayé du sommaire du troisième *Parnasse contemporain* (« On se moquerait de nous », jugea Anatole France, l'un des membres du jury). Passé ce point de fracture, un troisième ensemble comprend enfin — hormis le *Toast funèbre*, composé avant 1875 en hommage à Gautier, figure tutélaire du Parnasse — les poésies post-parnassiennes[4] puis symbolistes, au nombre de vingt-neuf et se distribuant sans régularité repérable.

Ainsi rythmé en trois temps, le volume retrace un itinéraire esthétique et la genèse d'un langage, dont il fixe les « points de repère » généalogiques. Ici encore par des noms, symbolisant autant de poétiques (Gautier, Poe, Baudelaire, Verlaine) et par des signes intertextuels dirigés plutôt vers Baudelaire dans un premier temps ou vers Banville ensuite (ludisme formel oblige) que vers l'austère Leconte de Lisle ou les experts en fioritures qui crurent trouver en Mallarmé un chef de file à imiter.

Blocs

Du temps converti en espace, telle est au plus simple la première force ordonnatrice de ce « livre de vers » (*Div.*, p. 249) : « volume » assurément, et dont la géométrie s'articulerait autour d'un axe passant entre *Hérodiade* (p. 27-34) et *L'Après-midi d'un faune* (p. 35-39).

Ces deux textes ne rapportent pas seulement au sein du recueil l'effraction qu'ils ont produite dans la carrière de leur auteur ; composés tous deux entre 1864 et 1874 dans la perspective initiale d'une mise en scène dramatique, ils sont également placés côte à côte dans une relation de symétrie qui intéresse autant leur tonalité que leur sujet et leur « saison » imaginaire. D'un côté, la frigide Hérodiade, épouvantée qu'on la « touch[e] » (v. 53-60) et qu'« un baiser [...] tûrait » (v. 7), héroïne glaciale d'un texte inachevable dont Mallarmé réservait la torture aux « cruels hivers » (*C.L.*, p. 246) ; de l'autre, le Faune turgescent, proie solaire de pulsions sans autre objet que mnésique (les « nymphes [à] perpétuer », v. 1), avec lequel le poète disait, dans la même lettre, « [se] livr[er] à des expansions æstivales *[sic]* » (*C.L.*, p. 246) —, lui-même passant alternativement d'Hérodiade au Faune comme du froid au chaud ou mieux encore, s'agissant de ses propres rétentions d'écriture, comme d'un poison à son remède. Cela avant d'installer la Scène avec l'Églogue au centre du recueil[1] à la façon d'un miroir à deux volets qui se renverraient, en dépit de tout ce qui semble les opposer, maints reflets d'abîme : le premier vers d'*Hérodiade* — « Tu vis ! où vois-je ici l'ombre d'une princesse ? » (p. 27) — n'anticipe-t-il pas l'ultime soupir du Faune abruti par le vin, la chaleur et le désir insatisfait : « Couple, adieu ; je vais voir l'ombre que tu devins » (p. 39) ?

Ce dialogue silencieux d'Hérodiade et du Faune donne l'exemple le plus achevé du deuxième mode d'organisation auquel le recueil est soumis, étant fait de groupes plus ou moins vastes (deux textes ou « plusieurs ») entre lesquels l'absence presque totale d'intertitrage autorise une circulation de thèmes, de formes ou de tons.

Quelques sous-ensembles se dégagent : les deux *Éventails*, dont le second donné pour *Autre* affiche le statut d'inséparable duo ; les *Chansons bas*, numérotées I et II ; les deux sonnets intitulés *Petit air* et numérotés de même ; la série placée sous la rubrique *Plusieurs sonnets* ; et enfin le triptyque formé, du fait de leur semblable numérotation, par

---

[1]. Compte tenu du fait qu'ils partagent celui-ci en deux volets équilibrés par la longueur relative des pièces qui s'y répartissent, plutôt longues avant *Hérodiade*, plutôt courtes après le *Faune*.

Tout orgueil fume-t-il du soir, *Surgi de la croupe et du bond* et *Une dentelle s'abolit* (p. 66-68), moments successifs d'un seul et même récit, à la fois métaphysique et érotique.

Blocs donc, certains à bords flous, et jouant dans un espace non saturé, où les blancs et la discrétion des signes paratextuels autorisent leur mobilité. Car c'est surtout par des faits d'écho ou d'annonce, dont la perception est laissée au seul lecteur, que l'ensemble du recueil associe les « morceaux » ou les « lambeaux » poétiques qu'il détache de leurs premiers supports. Le *pitre châtié* « [troue] dans le mur de toile une fenêtre » (p. 9) et ce vers s'élargit dans la grande architecture symbolique des *Fenêtres* (p. 10-11). Le vers final de *Tristesse d'été*, évoquant « l'insensibilité de l'azur et des pierres » (p. 19), mord par avance sur *L'Azur*, qui en déploie l'allégorie sur neuf strophes et s'achève par une répétition compulsive du mot-thème qui l'aura « hanté » de part en part : « L'Azur ! L'Azur ! L'Azur ! L'Azur ! » (p. 21). Le « rire enseveli » par l'*Autre éventail* (p. 48) se libère à la page suivante dans le distique final du *Feuillet d'album* : « Votre très naturel et clair/Rire d'enfant qui charme l'air » (p. 49). La mort du « Cygne » pris dans les glaces et dans son propre « songe froid de mépris », « pour n'avoir pas chanté la région où vivre » (p. 57), est aussitôt conjurée au premier vers du sonnet *Victorieusement fui le suicide beau* (p. 58), lui-même préludant — affirmation d'une victoire sur une mort qui, dialectiquement, devient à son tour victorieuse — aux rites funéraires du sonnet en -yx (p. 59), des *Tombeaux* (p. 60-62) et de l'*Hommage* à Wagner, où l'éloge, « Mal tu par l'encre même en sanglots sibyllins », est d'entrée enveloppé dans les plis moirés d'un « silence déjà funèbre » (p. 63).

On pourrait multiplier les exemples de pareilles intrications et montrer qu'elles ne relient pas seulement des poèmes contigus, mais se faufilent en réseau sur de plus longues portées. Il suffit ici d'indiquer : le recueil est d'évidence à géométrie variable.

Séquences

François van Laere a mis en évidence une troisième force organisatrice. Sans les unifier, celle-ci distribuerait les poésies en plusieurs cycles d'une grande narration lyrique[1].

• Dans un premier cycle, allant du *Guignon* à *Aumône*, le poète est campé en héros déchiré, sorte de croisé de l'Idéal, à la fois tenté par le suicide, acte que le « ridicule » n'épargne pas, et prêt à un combat dont il sait qu'il sortira vaincu (*Le Guignon*, p. 6 ; *Le Sonneur*, p. 18), appelé par un Azur ironique, car inaccessible à ceux qu'il inspire (p. 20-21), et contraint à la réalité écœurante d'un « Ici-bas » cynique (p. 11). Pas d'échappatoire : « la chair est triste » et la fuite impossible quand elle ne conduit pas « aux naufrages » (p. 22). Nul secours à chercher dans « les livres » ni dans un art qui n'engendre qu'angoisse de la page blanche et lassitude (*Brise marine*, ibid. ; *Las de l'amer repos*, p. 16). L'être n'est que néant, le monde un paysage pétri-

---

[1] Fr. Van Laere, « Le hasard éliminé : l'ordonnance d'un livre de vers », p. 107-112. Nous ordonnerons nos propres observations dans le canevas général dégagé par cet article.

fié, et cependant celui qui aspire à « l'insensibilité de l'azur et des pierres » (p. 19) reste en proie à une « révolte inutile et perverse » (p. 21).

• Une phase d'apaisement s'ouvre avec *Don du poème* et se ferme avec la *Prose*. S'il y demeure maints signes d'inquiétude et d'insatisfaction, le néant logé au cœur du monde y devient le symbole d'un art silencieux et serein (*Sainte*, p. 41) et l'« emblème » d'un « bonheur » confondu avec la Beauté dont le poète se sait à présent le « Maître » et le médiateur (*Toast funèbre*, p. 42-43). Retour au désir et à sa turgescence, celle du Faune et de son « lys » dressé (p. 36). Retour surtout au sensible, à ce qui capte le regard, « joyau de l'œil » ou « joyeuse et tutélaire torche » (*La Chevelure*, p. 40), à ce qui éveille l'écoute (« la Sainte », « musicienne du silence », p. 41) ; à ce qui « brûle dans l'heure fauve » (p. 36), à tout ce qui, enfin, désaltère et ranime une soif qui est aussi bien matérielle (« comme j'aime, dit le Faune, ouvrir ma bouche à l'astre efficace des vins », p. 39) que spirituelle (symbolisée par la « coupe vide » offerte en « libation » dans le *Toast funèbre*, p. 42). <u>Le poème n'est plus discours d'affrontement, mais parole consentant au monde parce que, en pleine possession de ses pouvoirs, elle peut désormais le soumettre à sa loi (dire, saluer, faire apparaître et disparaître).</u>

• Après l'acceptation, l'offrande. De l'*Éventail* de Madame Mallarmé au second *Petit air* se développe un cycle axé sur la donation poétique, annoncé par *Don du poème* mais traité ici sur le mode léger : don d'objets frivoles (les deux *Éventails*, p. 47-48), poème-clin d'œil (*Feuillet d'album*, p. 49), amicale remémoration (p. 50), chansons « bas » (p. 51-52), « billet » ironique (p. 53), scènes bucoliques et jubilatoires (*Petit air I* et *II*, p. 54-55). Entre futilité et fluidité, le recueil ménage une sorte de respiration ou de pause, préparant par contraste la gravité des pages à suivre.

• Véritable « " saint des saints " du recueil, vers quoi tout [...] converge[1] », un nouveau cycle mobilise *plusieurs sonnets* placés sous le signe du deuil, du suicide ou du rituel funéraire. « Salle d'ébène » (p. 56) ou « lac dur oublié » (p. 57), minuits lugubres (p. 58 et 59), tombes de granit ou de marbre (p. 60 et 61), « noir roc » ou plis « d'une moire » (p. 62 et 63), « nymphe sans linceul » ou « nuit, désespoir et pierrerie » (p. 64 et 65), l'espace est vidé de toute présence, sinon spectrale : le cygne saisi par le gel devient un « fantôme » (p. 57) ; la « défunte nue » du sonnet en -yx reparaît « en le miroir » (p. 59) ; Poe, Baudelaire, Verlaine ou Wagner sont tour à tour transis d'éternité ; Vasco suit, « pâle » revenant enchaîné par l'Histoire, un « inutile gisement » (p. 65)[2]. L'écriture poétique enregistre ce qui demeure après disparition, signes de deuil et gestes de dévotion, restes de gloire, cendres, mémoire ou commémoration.

• S'amorce alors, dans le cadre d'une chambre vide et sans feu (p. 66-68), une ultime séquence, où succède aux grandes orgues et à l'emphase des lamentations pré-

---

1. *Ibid.*, p. 110.

2. Nous ne suivons pas Fr. Van Laere lorsqu'il associe le sonnet à Vasco au dernier cycle du recueil. Rappelons par ailleurs que ce sonnet a été ajouté par la fille du poète.

cédentes une musique de chambre épurée. Les alexandrins médaillés des *Tombeaux* cèdent la place à l'octosyllabe, la mort triomphante à la possibilité peut-être avortée d'une naissance (« filial on aurait pu naître », p. 68), la déploration à un murmure à caractère ironique puisqu'il paraît en même temps exprimer, « dans le doute du Jeu suprême » (p. 68), un obscur questionnement métaphysique (portant sur l'être, le jeu, le « je ») et les pulsations d'un désir qui ne s'avoue qu'à mots couverts. De *Tout Orgueil fume-t-il du soir* (p. 66) à *M'introduire dans ton histoire* (p. 70)[1], l'expression progresse toutefois en direction d'une peinture moins indirecte de l'ébat charnel. En ce sens, *Mes bouquins refermés* boucle tout le recueil en superposant, dans le décor d'un salon ayant retrouvé sa chaleur et son occupant, les deux niveaux de sens du parcours textuel dont il marque la fin : méditation sur le néant d'une part, fantasmes érotiques de l'autre, le tout condensé en clin d'œil dans l'amazone au sein absent (p. 72).

Commencé dans un affrontement tragique au monde, l'itinéraire des *Poésies* s'interrompt sous le signe d'une gravité nonchalante qui paraît comme « [s]'amuse[r] » d'elle-même (p. 72). L'Azur est rangé au rayon des accessoires parnassiens, l'angoisse d'écrire remplacée par une virtuosité disant autrement, pathos en moins, le vide habitant toute écriture. Quant au « martyr dérisoire » qui brûlait d'être admis au nombre des « mendieurs d'azur le pied dans nos chemins » (p. 4-5), il se peint à présent sous l'aspect

---

1. Marcel imaginera d'inscrire ces vers sur la Rolls qu'il fait miroiter à Albertine : ultime ruse érotique. Proust, *À la recherche du temps perdu*, III, Gallimard, Bibliothèque de la Pléiade, 1954, p. 456.

d'un petit-bourgeois rêveur, au coin de la cheminée, « le pied sur quelque guivre où notre amour tisonne » (p. 72). Fin du récit, et fin des illusions. Place à l'imaginaire.

3. UNE ARCHITECTURE MORCELÉE

Époques-blocs-séquences : ces modes d'organisation se conjuguent. La trajectoire poétique de Mallarmé, rappelée par la succession des pièces, va bien — nous le verrons[1] — dans le sens de cette ironie l'emportant pour finir sur un drame originaire. En certains endroits pourtant ces modes se chevauchent : la progression du récit est plus d'une fois brouillée par des correspondances excédant ses propres articulations. *Brise marine* et ses naufrages imaginés annoncent le « sépulcral naufrage » ausculté par l'avant-dernière pièce (p. 71), de même que la distraction sereine du « Chinois » décorateur de porcelaine que le poète dit vouloir « imiter » dans *Las de l'amer repos* (p. 16) anticipe le détachement ludique des derniers sonnets.

C'est qu'en définitive le recueil n'a rien de figé ni de cloisonné. L'architecture des morceaux qu'il assemble est elle-même en morceaux : incomplète, labile, tendancielle : partie agissante de ce que Mallarmé appelait une « ordonnance », c'est-à-dire un jeu de places et d'espacements « où tout devient suspens, disposition fragmentaire avec alternance et vis-à-vis, concourant au rythme

[1]. Voir p. 187-193.

total, lequel serait le poème tu, aux blancs » (*Div.*, p. 249). Le Livre-Album n'élimine pas le hasard, dont seul aurait triomphé l'impossible Livre : il le met au service d'une mobilité symbolique. *Salut*, après tout, invitait bien à une navigation, mais sans en dresser la carte.

III   RÉPERTOIRES

Michel Leiris en convenait : Mallarmé est « un poète difficile d'accès ». Mais, ajoutait-il, « qu'on songe seulement qu'il est abrupt à ce point parce qu'il a réussi ce que peu de poètes pourraient se targuer d'avoir fait : se créer un langage parfaitement adéquat à son objet, un langage qui vise moins à décrire ou raconter qu'à déclencher certains mouvements de l'esprit[1] ». Voilà qui dès 1943 aurait dû régler le faux problème de l'hermétisme mallarméen. Il faut pourtant y revenir avant d'aborder l'espace thématique des *Poésies*, car la salubre mise au point de Leiris n'a pas tari, loin s'en faut, le flot de leurs traductions *en langage clair*.

1. L'OBSCURITÉ : UNE « INJURE »

Insistons-y donc : poète difficile, Mallarmé n'est pas pour autant un poète hermétique. Rien chez lui qui s'assimile à un cryptage du

---

1. M. Leiris, « Mallarmé, professeur de morale », in *Brisées*, Gallimard, Folio, 1992, p. 83.

1. S'il a pris certes, dans son pamphlet contre *L'Art pour tous* (1862), le parti d'une poésie inaccessible au profane, Mallarmé ne republiera jamais ce texte et évoluera vers une position plus nuancée.

2. Le poète répond ici à Proust qui en 1896 avait dénoncé dans l'hermétisme des symbolistes une « erreur d'esthétique » et l'expression d'un élitisme vulgaire. Voir Dossier, p. 216-217.

texte ni même à un obscurcissement méthodique de l'expression. Il faut en faire son deuil et c'est heureux : il n'y a pas de « clés de Mallarmé » dont quelques initiés seraient en possession, pas non plus de sens caché à chercher derrière des formes-écrans[1]. Rien de plus opposé d'ailleurs à sa démarche et à la conception de l'écriture qu'il fit sienne que la double idée, au fondement de l'hermétisme poétique, d'une signification antérieure à sa manifestation formelle et d'une forme à fonction véhiculaire. Et c'est même à « récus[er] l'injure d'obscurité » qu'il a mis le plus de vigueur polémique, réclamant pour ses textes « une transparence du regard adéquat » après avoir renvoyé ses détracteurs à leur savoir-lire figé : « Je préfère, devant l'agression, rétorquer que des contemporains ne savent pas lire — Sinon dans le journal » (*Div.*, p. 279-280)[2].

« Arguer d'obscurité » n'implique pas seulement en effet, ainsi qu'il le signifiait au jeune Proust en l'introduisant au *Mystère dans les lettres*, « un renoncement antérieur à juger » (*Div.*, p. 275) : c'est au mieux un malentendu, au pire « une plaisanterie immense et médiocre » (*Div.*, p. 273-274). Plaisanterie s'il s'agit de se décharger de sa propre insuffisance sur ce qui résiste à notre compréhension. Malentendu lorsque l'impression d'obscurité attribuée au texte vient d'un regard non « adéquat », méconnaissant les propriétés du langage poétique. Mallarmé y insiste en permanence, notamment à la fin de *Crise de vers* : le poème, comme tout écrit à visée littéraire, relève d'un autre « état de la parole » que le discours de « l'universel *reportage* » (nous dirions aujourd'hui : de la communication) ; n'étant pas asservi à une « fonction de numéraire facile et représentatif » (nous dirions : à une fonction d'échange et de représentation), il ne se prête donc pas à une lecture discursive, en quête de contenus narratif, didactique ou descriptif (*Div.*, p. 251). Le poème ne dit que l'activité à laquelle il soumet le langage, il est ce qu'il dit, rien d'essentiel au-delà, et « s'il plaît à un, que surprend l'envergure, d'incriminer.. ce sera la Langue, dont voici l'ébat » (*Div.*, p. 278).

LE « SENS » ET LE « TRÉSOR »

Le poème est cependant fait de mots empruntés à « la tribu » et celle-ci est toujours portée à réclamer son dû. C'est là d'ailleurs ce qui maintient « l'écrit » au seuil du « Mystère » auquel il « prétend » et que la musique, « poésie sans les mots », est seule à habiter de plein droit. Là où le musicien rédige avec des « sons nus » un texte où le sens est immanent à la forme, le poète utilise non seulement un matériau de seconde main, mais un appareil de signes conventionnels qu'il peut certes « récrire » mais non couper complètement de leur sens usuel : « Tout écrit, extérieurement à son trésor, doit, par égard envers ceux dont il emprunte, après tout, pour un objet autre, le langage, présenter, avec les mots, un sens même indifférent : on gagne de détourner l'oisif, charmé que rien ne l'y concerne, à première vue » (*Div.*, p. 273).

Erreur ordinaire : voir dans ces lignes, à l'appui du point de vue exégétique, confirmation de ce que Mallarmé concevrait le poème comme un texte à double fond, superposant à un sens ésotérique (le « trésor ») un sens exotérique, à la fois accessible au profane et propre à l'écarter du vrai mystère poétique. La distinction qu'il y opère ne passe pas en effet, quoi qu'il y paraisse, entre deux niveaux de sens, mais entre deux modes passif et actif de l'intelligibilité poétique ou, pour le dire autrement, entre sens et signification : d'un côté, un simple donné, qui serait comme le support tout extérieur du texte (telle évocation d'un coucher de soleil, telle narration lyrique, telle description d'un intérieur)[1] ; de l'autre, un « trésor » dont l'éclat émanerait des relations réciproques dans lesquelles l'organisation du texte engage les mots qu'il récrit. Mallarmé le précise plus loin : « Les mots, d'eux-mêmes, s'exaltent à mainte facette reconnue la plus rare ou valant pour l'esprit, centre de suspens vibratoire ; qui les perçoit indépendamment de la suite ordinaire, projetés, en parois de grotte, tant que dure leur mobilité ou principe, étant ce qui ne se dit pas du discours : prompts tous, avant extinction, à une réciprocité de feux distante ou présentée de biais comme contingence » (*Div.*, p. 279).

Ainsi, loin d'être réductible à l'anecdote livrée par « la suite ordinaire » des mots qui le composent, la signification du poème résulte des effets de sens induits par sa propre structure. Activité propre au texte, elle est bien « ce qui ne se dit pas du discours », étant cette

1. Ironie des choses, c'est cette « vaine couche suffisante d'intelligibilité » (*Div.*, p. 274) que les exégètes s'épuisent inutilement à transposer en d'autres mots.

énergie symbolique en circulation dans les intervalles ouverts entre les composants de ce discours, c'est-à-dire dans le réseau mobile des rapports (symétries, équivalences, oppositions) qui se nouent entre les éléments (de tous niveaux) dont l'écriture ordonne la disposition. En ce sens, le « trésor » ne nomme pas métaphoriquement un contenu caché et thésaurisable (et susceptible d'être échangé contre quelque paraphrase), mais plutôt, par métonymie, le « miroitement » des mots dans le tissu prosodique, ces mots dont Mallarmé, dévidant le même fil rhétorique et opposant à l'obscurité qu'on lui prête tout un faisceau de figures lumineuses, fait voir par ailleurs qu'« ils s'allument de reflets réciproques comme une virtuelle traînée de feux sur des pierreries » (*Div.*, p. 248-249)[1].

1. La métaphore du « trésor » puise au même registre économique que, chez Saussure, celle de la « valeur », désignant l'effet de sens produit par la distribution réciproque des signes linguistiques dans le système de la langue.

« LIRE — CETTE PRATIQUE »

C'est à l'enseigne du *Mystère dans les lettres* que Mallarmé énonce de la façon la plus ramassée sa définition de la lecture en tant que « pratique ». La distinction du « sens » et du « trésor » y recouvre en effet une opposition entre deux types de lecteurs, « oisifs » d'un côté (et mieux vaut les décourager par un contenu sans importance : ce sont eux qui occultent la « scintillation » de l'œuvre en projetant sur elle, avec leurs préjugés, ce « quelque chose d'abscons, signifiant fermé et caché, qui habite le commun » Div., p. 274), actifs de l'autre, parce que disposés à prendre part à l'activité symbolique du poème (et tel est bien, on l'a vu, le message que le recueil leur adresse d'emblée en guise de salut). Car la signification, jeu d'échos et de reflets, est un trésor « virtuel », en attente d'être réalisé par une lecture appropriée. Elle ne résulte pas, comme dans les écrits informatifs, d'une articulation linéaire de signifiés. Elle n'est pas isolable en un point du texte ni délogeable de l'espace où elle voyage, d'un signifiant à l'autre, de place en place, à rebours souvent de la « suite ordinaire » du discours. Sa mobilité sollicite une égale mobilité du regard : elle vise bien, ainsi que Leiris le relevait, à « déclencher certains mouvements de l'esprit ».

Ce qui, d'une part, dissipe la volonté d'obscurité attribuée au poète. La complexité des *Poésies* et de l'écriture mallarméenne en général ne vient pas de l'opacité d'un chiffre ni d'une complication décorative du style et elle n'est pas davantage un obstacle porté au-devant des profanateurs (puisque c'est le sens « indifférent », paraphrasable, qui s'en charge). Tension interne au poème, densité de rapports formels, elle est aussi et plutôt tension vers la lecture, appel à l'implication du lecteur (ce qui résiste à la compréhension immédiate incitant à se plonger dans « l'intime gouffre de chaque pensée »). Et c'est de là, d'autre part, que découle, inassimilable à un contenu enclos dans quelque littéralité féconde, la polysémie du texte : non seulement du sens pluriel des mots, dont il s'agit de tirer profit, mais aussi de cette rencontre entre deux mobilités — d'écriture et de lecture — s'appelant, s'épaulant, se relançant.

On ne l'a pas assez remarqué : c'est au moment très daté (au début des années 1860) où il se revendique d'une poétique élitiste que Mallarmé écrit ses textes les plus limpides et c'est en revanche au moment autrement plus durable où il en appelle à une participation active du lecteur qu'il compose ses sonnets les plus denses et ses proses les plus contournées. C'est que la difficulté du texte est ce par quoi celui-ci désire son lecteur en lui donnant matière à prendre part à un objet verbal « deviné comme une énigme — presque refait par soi » (*Div.*, p. 271). Cette participation du lecteur n'a rien cependant d'une projection subjective, contrairement à l'opinion de Gourmont qui tenait que l'impression du poème « changera selon les soirs, peut-être, comme change selon les nuages, la nuance des gazons », ajoutant que « la vérité, ici et partout, sera ce que la voudra notre sentiment d'une heure[1] ». Car si le texte mallarméen sollicite comme tout autre la sensibilité individuelle, il n'en fixe pas moins comme tout autre certaines limites au jeu de l'interprétation, qui tiennent à son orchestration formelle, au sens (même pluriel) des mots qu'il agence, à la structure (même mobile) des motifs qu'il dispose. Libre à chacun, bien sûr, de le tordre à son gré — quelle police des lettres pourrait bien le lui interdire ? — mais en sachant qu'il le tord.

1. Remy de Gourmont, « Stéphane Mallarmé et l'idée de décadence » (1898), *La Culture des idées*, UGE, 10/18, 1983, p. 137.

L'EMPRISE DU CLICHÉ

L'affirmation par Mallarmé de l'extériorité du sens en poésie doit aussi être mise au compte de la conscience qu'il s'est faite de cette propriété du poème de n'avoir pour contenu premier, en règle générale, que de simples clichés et lieux communs, comme tels susceptibles en effet de « détourner l'oisif ». La poésie ne dit que du déjà dit, le poète n'exprime rien qui n'ait déjà été exprimé ou qui ne soit exprimable par quiconque. Quel adolescent n'a pas fait, quel lecteur n'a pas fait sien le « rêve familier » de Verlaine : « Je fais souvent ce rêve étrange et pénétrant / D'une femme inconnue, et que j'aime et qui m'aime » ? Et quel poète moderne n'a pas recomposé à sa guise, albatros empêtré dans « ses ailes de géant » ou cygne prisonnier des glaces, la banale allégorie de l'idéal en proie au réel ? Réduit à son sens, le texte poétique perd toute valeur. Ce que la figure du trésor fait ressortir en revanche, c'est que ce texte n'atteint au luxe de l'écriture qu'à proportion de la pauvreté et de la banalité de ses contenus de représentation. Plus mince et ténu sera le motif, plus « les mots » qui le « présent[eront] » auront à faire exploit de leur propre agencement.

À cette conscience apparemment déceptive mais qui chez lui prendra un tour ironique, Mallarmé n'est pas parvenu d'emblée. Il lui faudra abandonner le lyrisme très codé de ses poèmes romantiques de jeunesse et la phraséologie baudelairienne de ses poésies « du Parnasse contemporain ». Et il y faudra surtout, engagé dans la « terreur » avant de faire place à une sorte de jubilation critique, tout le travail de creusement du vers dont sortiront, après *Hérodiade* et *L'Après-midi d'un faune*, les sonnets minimalistes de sa maturité.

2. GENÈSE

PALIMPSESTES :
HUGO, LECONTE, BAUDELAIRE

Retour à la case départ. « D'âme lamartinienne avec un secret désir de remplacer, un jour, Béranger » (*C.L.*, p. 585), le jeune Mallarmé écrit comme tant d'autres sous la dictée des romantiques, s'épanche en de vastes poèmes informes qu'il se gardera de publier : alexandrins ronflants, panthéisme convenu, points d'exclamation en cascade. Élégies, rêveries ou idylles antiques, *La Colère d'Allah !* (*A.P.*, p. 102-103), *Le Lierre maudit* (p. 108-110), *Lœda* (p. 111-112), *Sur la tombe de Béranger* (p. 113-114), *Sa fosse est creusée !..* (p. 114-117) ou *Pan* (p. 123-126) sont les gammes d'un poète qui s'essaie à divers claviers et qui, lorsqu'il en appelle à Dieu comme au commencement et à la fin de toutes choses, cache mal qu'il s'adresse en vérité à Hugo confondu avec la poésie même[1]. Tous ces « vers » sont bien, ainsi qu'un titre en fait l'aveu, « écrits sur un exemplaire des *Contemplations* » (p. 127) : l'écriture y colle à son modèle, tribut payé mot par mot au code poétique procurant à l'expression des émotions, plus mimées que senties, l'appareil de ses thèmes et de ses formes.

1. Hugo ou le vers fait chair : *Crise de vers* datera de la mort de celui qui « était le vers personnellement » l'effraction du vers libre, assimilée à une « déchirure » « du voile dans le temple » (*Div.*, p. 240).

APPARITION
Par sa formule d'attaque — pur cliché s'affichant comme tel : « La lune s'attristait » (p. 7) —, par sa fadeur très étudiée, par sa construction métaphorique

83

stéréotypée (filant d'un bout à l'autre le motif de la « fleur »), ce texte composé au début des années 1860 peut être lu comme un démontage rétrospectif du lyrisme conventionnel dont Mallarmé cherche alors à se défaire. Sans doute conjugue-t-il en une seule trois apparitions : celle d'Ettie Yapp dans la vie d'Henri Cazalis (sur la suggestion duquel il a été écrit)[1], celle de Maria Gerhard qui devint l'épouse du poète et, rappelée à la mémoire par les deux précédentes, celle de sa mère décédée alors qu'il n'avait que cinq ans. Mais la sentimentalité est ici trop appuyée et la forme trop décorative pour ne pas renvoyer l'évocation féerique de l'enfance sur laquelle le poème se boucle au romantisme naïf des poésies de jeunesse. Mallarmé plus tard rêvera tout haut d'une solution chimique propre à dissoudre la lune (« ce fromage ») et s'étonnait qu'on pût encore user du mot « cœur » dans un poème[2]. Dissolution ironique des stéréotypes dont il use, *Apparition* a tout d'un pastiche. Il a sa place exacte avant cet autre pastiche d'une autre écriture : *Placet futile*, sonnet galant en style rocaille (p. 8).

1. C'est en hommage funèbre à la même, morte en 1873, qu'il composera *Sur les bois oubliés*, poème de la réapparition (*A.P.*, p. 158-159).

2. Le motif de la lune-fromage est consigné par Coppée dans son *Journal* et par Maupassant dans « La lune et les poètes », *Le Gaulois*, 1884. La résistance au mot « cœur » est rapportée par Jules Renard dans son *Journal*, *op. cit.*, p. 959.

Tout poète refait pour soi dans ses années d'apprentissage l'histoire du genre, allant des vers latins du lycée aux premières épellations du credo poétique dominant. Les poésies parues à l'enseigne du premier *Parnasse contemporain* et la plupart de celles que Mallarmé compose dans leurs marges n'y dérogent pas. Si leur éclatante maîtrise atteste les progrès accomplis depuis les calques laborieux de l'adolescence et les « boutades » et autres fantaisies rimées ayant posé un premier geste de libération (voir *A.P.*, p. 137-154), ils restent d'un interprète virtuose qui semble avoir simplement changé de partition thématique.

L'idéal rendu inaccessible et plus désirable par les pesanteurs du réel ; la tentation du suicide par consentement révolté envers un Néant tantôt terrestre et vulgaire, tantôt triomphal et séducteur ; l'affirmation entre aveu et défi de l'incapacité à accomplir ce que dicte le génie ; le matérialisme affiché et l'aspiration à une sorte d'insensibilité minérale qui s'accorderait à un univers déserté de toute présence divine ; l'appel enfin d'un « Là-bas » impossible à rejoindre : ces thèmes du premier Mallarmé publié ne sont pas mallarméens. Complices d'un divorce emphatiquement déclaré entre le poète et le monde, tous appartiennent au vocabulaire poétique des parnassiens. Par eux toute une génération qui se veut désenchantée renonce aux extases fusionnelles du romantisme — la Nature, désormais sourde et muette, ne rend plus d'écho aux invocations du poète — et rompt avec l'idéologie utilitariste du Second Empire, en opposant à la croyance optimiste dans les vertus de la modernité et du progrès toute une mythologie de l'échec sublime.

Le moule est parnassien, c'est chose évidente et c'était chose peu évitable : parce que la poésie qui compte dans les années 1860 se confond avec l'austère prédication de Leconte de Lisle et que, dans ces années-là, qui veut compter, poétiquement, se doit d'en décliner les motifs. Mais le modèle, lui, est baudelairien, et par là s'interrompt chez Mallarmé la simple récitation du credo dominant.

Là encore évidemment il imite. Trop peut-être, et trop bien : « Baudelaire, s'il rajeunissait, lui dit Lefébure, pourrait signer vos sonnets » (*Corr.*, I, p. 31). Ou trop ostensiblement : à grand renfort de mots et de thèmes portant déjà cette signature — le guignon[1], l'opium et le tabac, la chevelure, les amours vénales, les parfums et les fards, la maladie et la mendicité, etc. — et, globalement, en faisant de la plupart des pièces qu'il compose entre 1862 et 1865, dans la lignée des *Fleurs du mal* et de leur lyrisme torturé, autant d'exhibitions d'un conflit intime. Très fortement présent, souvent identifié au « poëte », un « je » ne cesse, en le disant, de s'y déchirer, bien plus en lutte avec lui-même, car tenaillé par des pulsions contraires, qu'avec la terrestre réalité où s'engluent ses ambitions.

Baudelaire en avait fait le support d'une rhétorique de la contradiction, Mallarmé en fait le creuset thématique des poésies qu'il réunira dans la première section du recueil : « Il y a dans tout homme, à toute heure, deux postulations simultanées, l'une vers Dieu, l'autre vers Satan. L'invocation à Dieu, ou spiritualité, est un désir de monter en grade ; celle de Satan, ou animalité, est une joie de descendre[2]. » Il ne faut pas s'y tromper en effet : quand bien même *Le Guignon* oppose-t-il comme deux catégories l'une à l'autre deux confréries de poètes — là-bas les « mendieurs d'azur [...]/Mordant au citron d'or de l'idéal amer » (p. 4), ici « cent frères qu'on bafoue, /Dérisoires martyrs de hasards tortueux » (p. 5), celui qui se met en scène dans tous les textes à suivre les confond en sa personne, « hanté » qu'il est non seulement par l'« Azur » (p. 21) mais aussi par l'« Ici-bas » (« dont la hantise, dit-il, vient [l']écœurer

---

1. À la place initiale qu'il occupe (p. 4-5), le seul titre du *Guignon*, mot cliché emprunté à l'idiome baudelairien, semble faire office de clé intertextuelle.

2. Baudelaire, *Mon cœur mis à nu*, in *Œuvres complètes*, I, Gallimard, Bibliothèque de la Pléiade, 1975, p. 682-683.

parfois jusqu'en cet abri sûr », p. 11). Et quand bien même cet « Azur » et cet « Ici-bas » sont-ils donnés pour deux forces d'attraction extérieures au poète, c'est en celui-ci que s'opère l'obscur physique des répulsions et des symétries qui les polarise, comme c'est de son art que procède l'acte de médiation assurant leur rencontre et, du coup, leur disjonction — cet art médiateur étant symbolisé par la traversée de deux frontières : tantôt horizontale, celle du « plafond » de brouillards troué par les oiseaux (p. 20), tantôt verticale, celle du « mur de toile » où le « pitre châtié » troue « une fenêtre » (p. 9), ou encore celle de la « vitre » au travers de laquelle, en la tachant de baisers, « le moribond sournois » des *Fenêtres* (p. 10) contemple les derniers feux du couchant.

Qui cherche l'Infini trouve le Gouffre, disait déjà *L'Enfant prodigue* (*A.P.*, p. 150) ; et qui, en deuil du ciel, invoque la « matière » afin de se mêler au « bétail heureux des hommes » retombe, dira *L'Azur*, sous l'empire de « l'Idéal cruel » (p. 21). Le Néant n'est qu'une autre plénitude, qui se refuse. Pas d'issue donc — « Où fuir ? » (p. 20 et 21) —, mais une oscillation perpétuelle entre forces opposées, ironiquement dissimulées l'une par l'autre. Triste condition du « Poëte ». Ôtons-en la tonalité pathétique (trop criarde), reste le mouvement ou mieux l'énergie du négatif : c'est par là que le premier Mallarmé (édité) continue Baudelaire et laisse entrevoir le poète qu'il deviendra après qu'il se sera, selon son expression, « débaudelairisé » et que l'énervement aura fait place à une mobilité apparemment plus sereine. Car ces pages déclamatoires, d'une grandiloquence toute parnassienne, sont déjà habitées par un puissant dynamisme, qui se marque à la fois dans la dialectique de l'« Azur » et de l'« Ici-bas » et dans un lexique du mouvement — par exemple, dans le seul *Guignon* : bondir, voyager, aller rythmant, marcher, fuir, franchir, plonger, s'en aller, suivre, aller se pendre (p. 180-181)[1]. Ajoutons, car ce sera l'autre signature de Mallarmé, que le discours n'échappe pas davantage à ce *perpetuum mobile* ni à cette fatalité morbide, puisque non seulement l'objet se dérobe à toute invocation (ainsi lorsque, p. 21, la « matière » reste sourde à l'appel qu'on lui lance), mais le langage lui-même ou bien se tait et résiste (motif du « poëte impuissant », p. 20, avec tout l'appareil des tropes qui le relaient : « bouches taciturnes », p. 4, « buccin bizarre », p. 5 ; « [se] boucher le nez devant l'azur », « ailes sans plume », p. 11, « long bâillement », « cercle de fer » serrant le crâne, p. 14), ou bien « ne vient que par bribes » (p. 18), comme s'il était pris de ratés ou saisi par la « toux » de l'agonisant auquel le poète s'assimile (p. 10). Ce n'est pas là uniquement l'aveu d'une stérilité ou d'un handicap. La résistance du langage vaut comme métonymie du travail de l'expression. Baudelaire avait déjà fait de l'écriture un trébuchement : « Je vais [...]/Trébuchant sur les mots comme sur les pavés[2] » ; Mallarmé emboîte ce même pas en tirant matière à poème du « balbutiement » de la parole qui deviendra la marque formelle de sa diction poétique.

1. La version définitive du poème, en 1887, étoffera encore ce lexique.

2. *Le Soleil*, in *Œuvres complètes*, I, p. 83.

BRISE MARINE

La mobilité du *Guignon* confinait à l'oscillation grotesque du pendu. De ce mouvement à l'arrêt, *Brise marine* — invocation plus qu'« invitation au voyage » — fera son thème, en l'articulant étroitement à celui de l'écriture stérile (p. 22). Fuir, partir, lever l'ancre : faux verbes dynamiques, trompeusement inchoatifs, neutralisés par leur temps ou leur mode (futur, impératif) autant que par la syntaxe négative du poème, même si celle-ci affecte tout ce qui pourrait entraver l'embarquement pour « une exotique nature » — « Rien [...] ne retiendra ce cœur », ni la calme et terrestre sécurité du foyer (« les jardins »), ni l'écriture (doublement métonymisée et niée par la « clarté déserte de [la] lampe » et par « le vide papier que la blancheur défend »), ni même les devoirs familiaux (« la jeune femme allaitant son enfant »). Car ces négations sont autant de dénégations : le « cœur » ou l'« ennui » transporté par son désir de partir sait qu'il ne partira pas, mais feint de « [croire] encore à l'adieu suprême des mouchoirs ». En ce sens, apparemment flottante et sans objet, la conjonction adversative « mais » qui ouvre le dernier vers, ultime appel à un départ toujours déjà raté, résume à elle seule tout l'impossible mouvement dont le texte tire sa propre mobilité formelle.

Exhibition, disions-nous, par expression impudique (quoique très littérairement codée) d'une intériorité déchirée. Le terme est également à entendre au sens d'une mise en scène, répondant à ce que Mallarmé nommera la « majoration devant tous du spectacle de Soi » (*Div.*, p. 255). Encore cette majoration prend-elle dans les pages qui nous occupent la forme d'une minoration systématique (toujours évidemment réversible : qui trop ostensiblement s'abaisse se situe implicitement en surplomb). Pitre malgré lui, titubant « sur les planches » d'un pont qui serait aussi une sorte de tréteau forain, l'albatros était en proie aux rires et aux parodies vulgaires. *Le Guignon*, poème inducteur de la série, reprend dans son second volet ce même scénario plusieurs crans au-dessus dans l'exhibitionnisme masochiste. Les poètes auxquels Mallarmé identifie une part de lui-même y « sont l'amusement des racleurs de rebecs/Des marmots, des putains et de la vieille engeance/Des loqueteux dansant quand le broc est à sec » (p. 6) et tel d'entre eux, s'il « souffle à son buccin bizarre », sera aussitôt mimé par des gosses pétomanes (« qui, le poing à leur cul, singeront sa fanfare », p. 5[1]). « Monarque rageur », « saut[ant] en croupe » le Guignon manie « le fouet » *(ibid.)* et la suite prolongera à des degrés divers de cruauté une autoflagellation n'ayant rien à envier à *L'Heautontimoroumenos* baudelairien. « Le poëte las que la vie étiole » (p. 13) sera placé dans des postures ou des situations faisant de lui le jouet d'un sort ironique et mauvais (p. 20-21), identifié à des figures marquées par l'abjection physique et morale (ainsi du « moribond sournois » encrassant « d'un long baiser amer les tièdes carreaux d'or », p. 10) ou par la malédiction sociale (ainsi du « mendiant » en qui il reconnaît un « frère », p. 25), présenté enfin — et c'est l'autre clé de la série — sous les traits d'un « pitre châtié », s'avisant trop tard que le fard dont il était couvert faisait tout son génie (p. 9).

---

1. Les versions successives du poème évoluent vers une vulgarité maximale : les enfants soufflaient d'abord « dans leurs mains » (*A.P.*, p. 181).

Sans doute ces scènes sont-elles l'avers cruel d'une symbolique et faut-il voir par exemple dans le fard du pitre lavé par « l'eau perfide des glaciers » l'image d'un art s'avouant artifice et opposant à la pauvre vérité de la Nature son « glorieux mensonge[1] ». Mais ceci n'enlève rien ni au constant contrepoint du grotesque et du tragique dont tous ces textes sont traversés, ni surtout au tissu étonnamment dense des mots et expressions connotant l'abjection ou le dégoût : *bétail* (deux fois), *servile pitié des races à voix ternes*, *bloc boueux, cul, bave, aisselles* [ayant] *pour poils vrais des vers, carcasse, cracher, suie ignoble, rance nuit de la peau, encens fétide, pourriture, poils blancs, encrasse, dégoût, vautré dans le bonheur, ordure, écœurer, vomissement impur de la Bêtise, se boucher le nez, sang morne, cheveux impurs, cendres monotones, soleil se mourant jaunâtre, cervelle vidée comme* [un] *pot de fard, attifer la sanglotante idée*. Liste non exhaustive : elle aligne autant de fragments de ce qu'on pourrait appeler, après Baudelaire, une esthétique de la laideur. De même qu'il y a chez Mallarmé dès cette époque — car ce trait lui restera — un histrion, de même il y a, en ce poète dont l'histoire littéraire n'a retenu que l'exquise préciosité, un goût marqué pour le trivial, ici notations immondes ou grotesques, plus tard allusions grivoises, érotisme à demi-mot, clins d'œil égrillards.

1. *La Gloire du Mensonge* ou *Le Glorieux Mensonge* est l'un des titres que Mallarmé, en 1866, envisageait de donner à son « volume lyrique » (*C.L.*, p. 298).

Histrionisme et trivialité : on pourrait être tenté de virer ces deux dispositions de l'imaginaire pré-mallarméen au compte d'une influence baudelairienne qui, encore mal assimilée, porterait à placer l'accent de façon outrancière sur l'esthétique de l'abject et sur les contorsions auxquelles la société moderne contraint le poète exilé. Et sans doute y a-t-il de cela : tout disciple a de ces excès. S'y fait jour pourtant une oblique contestation des valeurs parnassiennes. Au

Parnasse, l'échec est un brevet d'excellence poétique (« leur défaite, c'est par un ange très puissant », p. 4) et cet échec se porte avec dignité : le poète est protégé du mépris du public par le mépris qu'il lui adresse. Mallarmé se met le plus souvent en position de victime humiliée, pendu ridicule, histrion enfariné, moribond sous tisanes, fuyard « hanté par [son] linceul » (p. 15), sonneur de cloches « geignant du latin » (p. 18), martyr à « cervelle vidée/Comme le pot de fard » (p. 21), ou encore bête qui veut faire l'ange (« Je me mire et me vois ange ! [...] Et le vomissement impur de la Bêtise/Me force à me boucher le nez devant l'azur », p. 11). Cet échec est sans grandeur et l'expérience poétique qu'il sanctionne n'a rien, vu les fanges où elle plonge, de cet impassible culte de la forme à quoi Leconte vouait son école.

D'où un tragique proprement mallarméen, lié du moins à cette phase intermédiaire entre « le monde infusé d'être[1] » des poèmes de jeunesse et l'univers sous vide des sonnets à venir. Avec ses succédanés divers (tristesse, lassitude, ennui), l'angoisse n'est pas simplement, dans ces poésies sous influence, la réexpression dramatisée du spleen baudelairien ; elle est bien plus l'affect symptomatique et fortement thématisé d'une double instabilité esthétique. Instabilité d'un porte-à-faux entre plusieurs modèles difficilement compatibles, et entre lesquels Mallarmé fraie difficilement sa propre voie : un modèle romantique (d'inspiration plutôt lamartinienne : lacs, roseaux, soupirs), un modèle parnassien (avec son stock doctrinaire :

---

1. Jean-Pierre Richard, *L'Univers imaginaire de Mallarmé*, Seuil, 1961, p. 41.

impassibilité lyrique et ascétisme formel) et un modèle baudelairien (torturé, convulsif, tourné vers le grotesque et la parodie). « Ça a été une terrible difficulté, dit-il à Cazalis en lui envoyant une copie de *L'Azur*, de combiner, dans une juste harmonie, l'élément dramatique hostile à l'idée de poésie pure et subjective avec la sérénité et le calme de lignes nécessaires à la Beauté » (*C.L.*, p. 162). Instabilité due aussi à la relation ambivalente qu'il entretient avec les clichés de l'école dominante, auxquels il n'est pas sûr qu'il adhère totalement (de là qu'il associe ces motifs sublimes à des notations triviales), mais qu'il est tenu néanmoins d'énumérer parce qu'il importe, sauf à se mettre hors jeu, de faire allégeance au pouvoir symbolique qu'ils expriment. C'est l'une des leçons à tirer de la structure duelle du *Guignon* : tout semble se passer comme si Mallarmé, en prenant soin de donner le change, jouait Baudelaire contre le Parnasse, à savoir la déchirure contre la plénitude, le dynamisme contre l'inertie, la forme motrice contre la forme décorative, la modernité (inquiète, chaotique, féconde) contre la neutralité contemplative.

Tout ceci intéresse moins une psychanalyse du poète qu'une sociologie des formes poétiques. « Les seize premiers poèmes [du recueil], note Daniel Oster, peuvent être lus comme l'expression d'un combat contre les idéologies poétiques d'époque[1]. » Combat plutôt *entre* ces idéologies. Car cette section des *Poésies* représente un véritable champ de forces en lutte les unes avec les autres,

---

1. D. Oster, *La Gloire*, P.O.L, 1997, p. 124.

notamment parce qu'elle est un modèle réduit de l'espace poétique tel qu'il se présente à un jeune entrant au début des années 1860 (perdurance d'un romantisme épuisé, seconde édition des *Fleurs du mal,* montée en puissance du Parnasse). De là son aspect composite et heurté : Mallarmé y hésite entre plusieurs options esthétiques et n'atteint guère à cette « juste harmonie » qu'il recherche (n'aurait-il publié que ces textes-là, il nous apparaîtrait comme un petit maître du Parnasse trop violemment saisi par le démon baudelairien).

« Muse de l'impuissance [...], je te rends l'ivresse qui vient d'autrui », écrira-t-il dans la version finale de son article en hommage à Baudelaire (*Div.*, p. 109)[1]. L'invocation pourra s'entendre comme une façon d'accepter une dette autant que de tirer un trait sur celle-ci. Et comme une sorte de constat rétrospectif, enregistrant en 1897 l'amorce, trente ans plus tôt, d'un long et difficile processus de libération, soit le moment, proche de la première rédaction de ce texte-tombeau, à partir duquel il ne s'agit plus pour Mallarmé d'écrire « sur un exemplaire des *Contemplations* » (*A.P.*, p. 127) ni « en marge d'un Baudelaire » (*Div.*, p. 109), mais sur du papier implacablement blanc — « le lit aux pages de vélin » (p. 78) où va venir s'inscrire en s'effaçant le fantôme d'Hérodiade[2].

---

1. L'article, honorant également Gautier et Banville (tous deux évacués à la refonte du texte), avait d'abord paru en 1865 sous le titre éloquent de *Symphonie littéraire* (*O.C.*, p. 261-265).

2. À Lefébure, février 1865 : « Devant le papier, l'artiste *se fait* » (*C.L.*, p. 227).

HÉRODIADE OU L'ÉROSION DU SUJET

Il faut compter en effet le vaste poème dramatique qu'il entreprend fin 1864 (et qu'il laissera inachevé) au nombre des épreuves auxquelles il va se soumettre pour se donner un imaginaire qui lui soit propre. Ce qui d'une part demande ascèse, renoncement, contestation de soi et de ce qu'« autrui » y a déposé en fait de clichés et de formules. Et d'autre part, condition et conséquence à la fois de cette autonomie à conquérir, l'invention d'« une langue qui doit nécessairement jaillir d'une poétique très nouvelle » (*C.L.*, p. 206).

Le projet *Hérodiade*, prolongé jusqu'au dernier souffle du poète (son billet testamentaire portera parmi les textes en suspens : « *Hérodiade* terminé s'il plaît au sort », *C.L.*, p. 642), se redéfinit plusieurs fois : d'abord « tragédie » (mars 1865, *C.L.*, p. 220), ensuite « poème » (octobre 1865, *C.L.*, p. 253), enfin « mystère » intitulé *Les Noces d'Hérodiade* (p. 81). Il n'est pas inutile de préciser que ce texte de grande envergure, achevé si le destin en avait décidé autrement, s'inscrivait aux yeux du poète dans l'architecture du recueil, « à l'ensemble [duquel], écrira-t-il à Deman en 1896, il forme, complet, un Finale » (*Corr.*, XI, p. 94). Ses difficultés à compléter l'œuvre entrevue ont probablement contribué, en l'y incitant, à différer l'impression du volume. Hérodiade porterait ainsi une part de responsabilité dans la parution posthume des *Poésies*[1].

1. L'analyse portera pour l'essentiel sur la Scène (p. 27-34), seul fragment du « Poëme de Hérodiade » paru du vivant de Mallarmé. Pour un commentaire global, voir Gardner Davies, *Mallarmé et le rêve d'Hérodiade*, Corti, 1978.

Hérodiade va le hanter trois hivers, de 1864 à 1867. Trois fois la même saison en enfer, à en juger par les lettres qu'il adresse durant toute l'épreuve à ses plus proches confidents et qui semblent autant de feuillets détachés d'un autre « carnet de damné ». De quoi s'agit-il de si terrifiant et de si bouleversant avec *Hérodiade* ? Non pas simplement de faire œuvre de beauté (un poème de plus, mieux réussi que d'autres), mais de faire de la Beauté et plus encore de l'effort vers la Beauté le sujet même de l'œuvre[1]. L'effroi ou l'horreur — affects très récurrents dans la Scène — sont le prix de cette tension faisant reculer ce vers quoi elle s'efforce, de cette quête d'une coïncidence absolue entre ce que l'écriture dit et ce qu'elle fait. Lisant *Hérodiade*, il faut garder à l'esprit que ce mouvement essentiellement formel (puisqu'il se porte en direction d'une forme qui se contiendrait elle-même) produit le thème de l'œuvre bien plus qu'il n'en procède. Tendue vers une beauté maximale qui se confond avec la mort (v. 8), anxieuse de s'« abolir[2] » dans une pure contemplation d'elle-même, la blonde et pâle Hérodiade n'est que le support du processus poétique dont sort le poème qui porte ce nom, de même que son narcissisme radical (« Oui, c'est pour moi, pour moi, que je fleuris, déserte ! », v. 86) est l'équivalent névrotique d'une poésie en quoi Mallarmé, au même moment, dit apercevoir une expérience substituable à l'amour « parce qu'elle est avant tout éprise d'elle-même » (*C.L.*, p. 345)[3].

1. À Villiers : « En un mot, le sujet de mon œuvre est la Beauté, et le sujet apparent n'est qu'un prétexte pour aller vers Elle. C'est, je crois le mot de la Poésie » (*C.L.*, p. 279).

2. Premier mot de l'« Ouverture ancienne », p. 77.

3. Le Dossier, p. 212-213, donne l'une des versions bibliques du mythe.

Le nom d'Hérodiade (en qui déjà se fondent Salomé et sa mère) fait sa première apparition chez Mallarmé, au début de l'année 1864, dans *Les Fleurs* : « Et, pareille à la chair de la femme, la rose/Cruelle, Hérodiade en fleur du jardin clair,/Celle qu'un sang farouche et radieux arrose » (p. 12). Figure d'un érotisme violent, proche encore du modèle biblique, mais dont les valeurs s'inverseront quelques mois plus tard. Teinté d'inceste et de sang, apothéose de la danse qui fascine et qui tue, l'épisode avait déjà inspiré Gautier et Banville. Il hantera ensuite l'imaginaire fin de siècle, de Flaubert (« Hérodias », l'un des *Trois contes*) à Oscar Wilde, en passant par Gustave Moreau et Huysmans, lequel fera remarquer, dans *À rebours*, qu'aucun des évangélistes « ne s'étendai[t] sur les charmes délirants, sur les actives dépravations de la danseuse[1] ».

• Approcher de ce point aveugle où le langage, beauté implosive, s'absorberait lui-même, voilà l'enjeu. D'où, primo, nécessaire réduction de l'anecdote à une épure, presque un schéma. Du personnage d'Hérodiade, qui pour lui se résume à un « mot sombre, et rouge comme une grenade ouverte[2] », Mallarmé confie à Lefébure qu'il « [tient] à en faire un être purement rêvé et absolument indépendant de l'histoire » (*C.L.*, p. 226). Il s'en expliquera dans un projet de préface (p. 81) : il s'agissait, en excluant « la danse, etc. », d'« isoler » Hérodiade « dans le fait même terrible, mystérieux ». Comprenons à la fois, vu l'ambiguïté calculée de la syntaxe[3], dans le fait *en soi*, l'acte absolu ou le pur phénomène, comme tel terrible et mystérieux (lecture qu'appuie toute la Scène), et dans le fait, *tout terrible et mystérieux qu'il soit*, de réclamer pour un funèbre baiser nuptial la tête décapitée (c'est le thème du Finale, évoquant le « pire bai-

1. Gallimard, Folio, 1977, p. 148. Le romancier y réserve plusieurs pages aux tableaux que l'épisode a inspirés à Gustave Moreau (p. 145-152). Il cite et commente également quelques vers de la Scène d'*Hérodiade* (p. 327). Voir Dossier, p. 206.

2. Comparaison à forte charge sexuelle. Paradoxe de l'érotique mallarméenne : Hérodiade est un nom charnel et charnu, mais celle qui le porte « brûle[ra] de chasteté ».

3. Comme souvent chez Mallarmé, l'expression est réversible, l'adverbe « même » pouvant aussi bien porter sur « fait » que sur ses deux qualificatifs.

ser » d'une « bouche défunte », p. 86). Il s'agissait également, poursuit-il, de « faire miroiter ce qui probablement hanta [...] le chef du saint », et cette hantise formera la matière du *Cantique de saint Jean* (p. 83), monologue du crâne dans l'instant de la décollation (la trajectoire qu'il décrit étant rapportée par métaphore à la courbe descendante du soleil après sa « halte » au solstice[1]).

Du « fait divers archaïque », le poète ne retient donc pour l'essentiel — et parce qu'il s'agit d'aller à l'essentiel — que deux personnages, Hérodiade et Jean, unis en dépit du mythe par un même rêve de désincarnation. Salomé la lascive, médiatrice d'un désir effroyable, s'inverse dans la virginale Hérodiade, transie d'effroi par son propre idéal de pureté, et rejoint ainsi le décapité atteignant dans le foudroiement de sa mort à cette pleine possession de l'esprit par lui-même qu'on appelle sainteté. « Noces » symboliques en effet, entre un corps barré et un pur esprit enfin libéré des pesanteurs de la chair par la grâce du coup de « faux » qui « refoule ou tranche/Les anciens désaccords/Avec le corps » (p. 83)[2].

À ces protagonistes historiques, Mallarmé ajoute une « nourrice d'hiver » (v. 11), confidente d'Hérodiade et porteuse d'obscurs présages, bien dans la tradition des servantes prophétiques de la tragédie classique. Ce ne serait qu'une voix dans la seule partie dialoguée que présente le « Mystère » laissé en l'état de fragments si elle n'était, par les objections craintives qu'elle oppose à la réclusion de sa maîtresse et les gestes qu'elle

---

1. Pour rappel : le solstice d'été (21 ou 22 juin) — l'une des deux époques où le soleil, étant le plus éloigné de l'équateur, paraît stationnaire — précède de peu la fête de saint Jean-Baptiste.

2. La syntaxe donne peut-être pour sujet à ces deux verbes la « tête » du saint (voir p. 263), mais la rhétorique associe métonymiquement cette « tête surgie » au coup de faux.

ose en sa direction, l'unique facteur d'action autre que purement verbale ou rhétorique. Encore cette action, déjà ténue, reste-t-elle pour une grande part un effet de discours, les gestes de la nourrice n'ayant guère d'effectuation au-delà des intentions d'agir qu'elle exprime (« À mes lèvres tes doigts et leurs bagues », v. 2 ; « Voulez-vous [...] essayer la vertu [des parfums] ? », v. 31-33 ; « Mais cette tresse tombe.. », v. 53) et en deçà des interdictions qu'Hérodiade leur oppose (« Reculez », v. 3 ; « Laisse là ces parfums », v. 32 ; « Arrête dans ton crime [...]/Ce geste », v. 53-55). Seule exception, éloquente : le miroir effectivement tendu parce que demandé (« Tiens devant moi ce miroir », v. 44). Mais, converti aussitôt en sujet d'invocation (« Ô miroir ! »), l'objet s'accorde trop bien à la logique réflexive organisant l'ensemble du texte pour ne pas investir à son tour l'ordre du langage et y fonctionner en figure de la spécularité poétique.

À quoi sert cette réduction du sujet ? À mettre le langage davantage aux prises avec lui-même qu'avec un matériel narratif. Cela aux dépens du récit, force qui toujours avance en passant d'un élément à un autre. De là, malgré quelques ruptures de ton et quelques accélérations, l'impression de lenteur incantatoire et de circonvolution que donne la Scène, tant dans son ensemble que dans la syntaxe giratoire de certaines de ses phrases[1].

1. Voir par exemple les v. 4-7, donnant deux fois « cheveux » en position de sujet.

• Le dialogue avec la nourrice se justifiait fonctionnellement dans le projet dramatique initial (le théâtre, même minimaliste, exige un minimum d'action). S'il est maintenu lorsque Mallarmé recommence sa tragédie en forme de poème, c'est qu'il assume au-delà une dimension symbolique. Il met d'abord en présence deux personnages unis par les liens intimes, presque originaires, du lait nourricier (« Si tu me vois les yeux perdus aux paradis,/C'est quand je me souviens de ton lait bu jadis », v. 83-84). Et surtout, à un plus haut niveau d'abstraction, il associe la structure générale de la Scène à la régression ontologique dont Hérodiade, déjà fusion de la mère et de la fille, poursuit le rêve de part en part.

Recluse en sa « lourde prison de pierres et de fer », Hérodiade se refuse à l'existence, enferme sa « nudité » dans « le blond torrent de [ses] cheveux immaculés » (v. 4), « effeuille [...] les pâles lys qui sont en [elle] » (v. 17-19), repousse comme autant de sacrilèges tout contact physique et tout ce qui viendrait faire injure, en s'y ajoutant, à sa beauté (parfums, aromates, fards), « ne [veut] rien d'humain », se voit idole « sculptée » et chair « déserte » (v. 82-86), emprunte aux « jardins d'améthyste », aux « ors ignorés », aux « pierres » et aux froids « métaux » la « clarté » de ses yeux et la « massive allure » de sa chevelure (v. 87-94), plonge ses regards en l'« eau gelée » d'un miroir idolâtre, en un mot tout en elle aspire à l'immobilité, et à ce qui serait une sorte de pétrification de l'être s'il ne s'agissait pour elle, bien plutôt, en se dépouillant de tout ce qui la constitue en sujet, de se résorber dans l'Être même, c'est-à-dire en toute rigueur dans le Néant (puisque l'être indéterminé n'est rien et que la pure beauté est la mort). La nourrice s'en effraie d'emblée — « Tu vis, ou vois-je ici l'ombre d'une princesse ? » — et l'ensemble de la Scène développera en spirale asphyxiante le devenir-ombre ou spectre d'une jeune femme qui ne se veut plus ni jeune ni femme, mais effigie métaphysique, fascinée par ce que lui renvoie d'elle-même un monde qui en tous points se définit par rapport à elle (ainsi des « joyaux du mur natal/Armes, vases » reflétés depuis l'enfance par la « froideur stérile » de sa chevelure, v. 35-41). Rien ne le montre mieux, au vrai foyer du poème, que la scène du miroir (v. 44-117). « Miroir » confondu avec l'image de beauté extrême qu'il renferme. Miroir partageant Hérodiade, jusque dans l'énonciation d'un « je » qui est aussi un « tu », en une « sœur solitaire » s'adressant à sa « sœur éternelle » (v. 107-116).

Ce principe d'une unité qui se divise pour se recomposer autrement alimente une rhétorique de l'oxymore et de l'antithèse, très active dans cette scène : « belle affreusement » (v. 66), « Prophétise que si le *tiède* azur d'été,/Vers lui *nativement* la femme se dévoile,/Me voit dans ma pudeur *grelottante* d'étoile,/Je *meurs* ! » (v. 100-104), « Toi qui te meurs, toi qui *brûles* de *chasteté,/Nuit blanche* de glaçons et de neige cruelle » (v. 108-109). Nul baroquisme décoratif : il s'agit d'affecter l'écriture par l'opération qu'elle enregistre. Ce sera le cas, plus nettement encore, dans le vers sur lequel culmine le monologue au miroir — « Hérodiade au clair regard de diamant » (v. 116) —, où, aux deux extrémités, « Hérodiade » et « diamant » se renvoient de réciproques éclats (à quoi s'ajoute, dans la logique générale de la Scène, que l'attribut — regard de diamant — semble émaner, par miroitement du signifiant, de ce qu'il détermine : Hérodiade).

Le drame d'Hérodiade est là. Vivante, elle tend vers l'impossible accomplissement de ce que la mort seule permet d'atteindre : la fusion d'un sujet avec son essence, sa métamorphose en « Lui-même », par annulation méthodique de tout ce qui le relie à la facticité de l'existence[1]. L'important toutefois n'est pas dans ce drame, il est dans ce qu'il soutient et dans ce qu'il rend dicible. C'est par lui que le poème donne élan à la motricité paradoxale qui l'anime (celle d'un mouvement toujours repris et relancé, parce qu'il se porte vers l'impossible et parce que cette liquidation du sujet qu'il poursuit, c'est encore le sujet qui en décide) et par lui que le poème peut rendre sensible, sans verser dans la démonstration théorique, la réflexivité qui forme son véritable objet. Miroirs, bijoux, ors, pierreries, fleurs, chevelure ne sont pas de purs éléments de décor ou de parure ni de simples accessoires du drame, mais autant de mots répétés en boucle et se donnant pour figures du travail rhétorique qui les produit[2]. En ce sens, le scénario métaphysique de la Scène pourrait bien être lui-même métaphore d'une écriture cherchant à se déréférentialiser, à ne plus rien représenter au-delà des actes qu'elle pose : mobile paraphe d'une beauté à l'œuvre et dont le texte d'*Hérodiade* serait l'inachevable paraphrase.

---

1. Voir, p. 61, *Le Tombeau d'Edgar Poe*, qui fait de cette métamorphose son thème inducteur :« Tel qu'en Lui-même enfin l'éternité le change ! »

2. Les v. 129-130 : « Vous mentez, ô fleur nue/De mes lèvres » à la fois démentent rétrospectivement tout le discours d'Hérodiade et homologuent celui-ci au « glorieux mensonge » de la poésie.

• De là que ce texte soit littéralement criblé de mots et d'expressions disant ou connotant l'absence, l'oubli, le vide, la froideur, la pâleur, la transparence et plus génériquement la blancheur. Impossible d'en dévider tout le fil, on s'en tiendra à la Scène : « âge ignoré », « blond torrent de mes cheveux immaculés », « parfum désert », « pâles lys », « esprit pâli », « eau gelée », « glace », « nudité », « lait », « ors ignorés » (notons, comparable à la translation du nom « Hérodiade » dans « diamant », l'imbrication du mot « or » dans « ignorés » : c'est l'un des opérateurs les plus puissants de l'écriture mallarméenne, qui sera porté à son rendement maximal dans le sonnet en -yx), « clarté mélodieuse », « frisson blanc de ma nudité », « l'horreur d'être vierge », « le froid scintillement de ta pâle clarté », « nuit blanche de glaçons et de neige cruelle », « rare limpidité », « clair regard de diamant », « or vain », « fleur nue de mes lèvres ». Autant d'indices d'une virginité inviolée et d'une aspiration au Néant. Autant aussi de « blancs » trouant le tissu du texte pour y figurer le traçage d'une écriture intransitive et qui, tournée vers elle-même, tourne donc à vide. L'« Ouverture ancienne » donnait la clé de cette rhétorique spéculaire en associant dans « le lit aux pages de vélin » (p. 78) la blancheur des draps (lieu d'inféconds ébats auto-érotiques[1]) et celle du papier (espace vacant offert « à la Langue, dont voici l'ébat »).

Ces blancs, comment ne pas les rapporter à l'expression curieuse que le poète a, dans sa correspondance, au moment précis où il s'épuise à composer le texte qu'ils trouent de

---

1. Voir les v. 103-109 de la Scène.

part en part : *creuser le vers* ? « En creusant le vers à ce point, j'ai rencontré deux abîmes qui me désespèrent. L'un est le Néant, auquel je suis arrivé sans connaître le Bouddhisme[1] » (*C.L.*, p. 298). Nous tenterons de dire ce qu'une telle expression dévoile de sa technique du vers et en quoi elle fait corps avec une représentation de l'acte poétique comme autodévoration des signes. Lorsqu'elle se formule, en avril 1866, elle désigne non seulement un effort au style (creuser, affiner, approfondir) mais davantage encore l'acharnement d'une écriture livrée, aux dépens du sens (qu'elle évide), au seul pouvoir du signifiant — en l'espèce ce Signifiant majeur, contenant, invaginé dans ses plis, « comme une grenade ouverte », tout le texte qu'il nomme : Hérodiade[2]. À Lefébure : « La plus belle page de mon œuvre sera celle qui ne contiendra que ce nom divin d'Hérodiade » (*C.L.*, p. 226). Nul doute que le vers 116 de la Scène (« **Hér/o/dia/de au** clair **r**egard **d**e **d**iamant... ») aura représenté à ses yeux, dans son explosive circonvolution, le modèle réduit de cette page idéale.

1. L'autre étant une sensation de « vide » dans la poitrine, d'origine évidemment psychosomatique.

2. Dans « Hérodiade » s'entendent : Héros (*Heroidias* étant dérivé du grec *hêrôs*), Éros (et son anagramme Rose, déjà présente dans le vers des *Fleurs*), Dyade (« réunion, dit le Robert, de deux principes qui se complètent réciproquement »), Dia(mant), Di(amant)...

Le blanc chez Mallarmé restera l'emblème d'une écriture vue comme espacement de signifiants (voir *C.D.D.*, p. 405). Comme thème et comme forme, il renverra également à la dialectique constitutive de la diction poétique, où dire c'est toujours nommer sinon performer l'absence à la parole de ce qui est dit : « Je dis : une fleur ! et, hors de l'oubli où ma voix relègue aucun contour [...], musicalement se lève, idée même et suave, l'absente de tous bouquets » (*Div.*, p. 251).

Pouvoir séminal du mot et du texte que ce mot ensemence. Le « Poëme de Hérodiade » tient du tour de force (écrire blanc sur blanc et en tirer la matière d'un long texte) autant que du coup d'audace (dire le rien pour ne donner sens qu'au seul fait de dire). Avec lui se distendent chez Mallarmé les liens de dépendance qui par certains côtés l'y rattachent encore à Baudelaire (la synesthésie[1], le culte d'une Beauté cruelle et pétrifiée[2]) ou au Parnasse (l'orfèvrerie verbale). Avec lui surtout s'amorce, par ce qu'il réfléchit du travail obstiné qui l'a produit, le processus proprement poïétique (c'est-à-dire la productivité langagière) avec lequel toute l'œuvre à venir va se confondre. Le sujet : un support anecdotique. Le mot : un matériau, renfermant en puissance la totalité du langage. Le « fait même », l'Être en soi ou encore le Néant : trois points limites commutables par l'écriture lorsqu'elle tend, « insolite vaisseau d'inanité sonore » (p. 239), à se résorber dans sa propre activité.

1 Par exemple, p. 32, v. 93 : « clarté mélodieuse ».

2. Voir *La Beauté* : « Je suis belle, ô mortels ! comme un rêve de pierre ».

LE *FAUNE* OU L'ÉRECTION DE L'ÉCRITURE

L'Être, le Néant et l'Écriture, tels qu'il en fait l'expérience en se livrant au « cher supplice » d'*Hérodiade* (*C.L.*, p. 298), n'en sont pas moins pour Mallarmé à l'origine d'une double crise qu'il mettra plusieurs années à surmonter. Crise métaphysique : « Le miroir qui m'a réfléchi l'Être, dit-il à Villiers dans une confidence qui semble un commentaire

1. Comme Flaubert de sa Bovary, Mallarmé pourrait dire : « Hérodiade c'est moi. » Ajoutons le Faune pour compléter l'autoportrait.

2. C'est ainsi d'ailleurs, abruptement, que Mallarmé finira le 9 septembre 1898 : foudroyé par un spasme de la glotte.

3. Il existe plusieurs versions successives du *Faune*, d'abord Monologue conçu pour le théâtre (l'existence des nymphes y était indubitable), puis Improvisation, enfin Églogue. L'analyse portera sur cette dernière version, publiée en 1876.

de la Scène[1], a été le plus souvent l'Horreur et vous devinez si j'expie cruellement ce diamant des Nuits innommées. » Crise du verbe : « J'ai bien peur, confie-t-il au même, de *commencer* [...] par où notre pauvre et sacré Baudelaire a fini [en état d'aphasie[2]] » (*C.L.*, p. 366-367). Car écrire *Hérodiade*, c'est mesurer à la fois le pouvoir du langage et faire l'épreuve de sa propre impuissance à s'y égaler : « ce poème, je veux qu'il sorte, joyau magnifique, du sanctuaire de ma pensée ; ou je mourrai sur ses débris » (*C.L.*, p. 259).

Remède à cette torture des « nuits ravies » (*C.L.*, p. 299) : le *Faune*, poème diurne et estival où, sans être « [interrompu] par le hideux travail de pédagogue » (*C.L.*, p. 220), le poète-professeur poursuit sur un sujet moins « effrayant » son effort en direction d'une écriture radicalisée.

Inutile en effet d'opposer mécaniquement la trop chaste Hérodiade et le Faune priapique. Ils forment le recto et le verso inséparables du « papier » devant lequel Mallarmé « se fait », inscrivant sur une face sa disposition au retrait « dans les plus purs glaciers de l'Esthétique » (*C.L.*, p. 310) et sur l'autre son hédonisme ludique, volontiers grivois : thanatographie d'un côté, pornographie de l'autre. Tous deux seront, dans la version finale de leur poème[3], la proie d'un désir inassouvissable, pleine possession de soi par soi ou possession charnelle de femmes fictives. Et tous deux chercheront à prolonger, en s'y réfléchissant, le songe qui les hante, absolue pureté d'un corps inviolable ou jouissance illusoire volée à l'« incarnat » de

« nymphes » qui s'échappent (v. 1-3). Brûlure de la glace, brûlure de l'« heure fauve », c'est tout un : l'érotisme n'est pas moins intense dans la Scène que dans l'Églogue. Les signes simplement s'en inversent, passant du froid au chaud, de la rétention à l'expansion, de l'intérieur d'un palais nocturne à une nature écrasée de soleil[1].

Sans doute cet érotisme est-il ici plus abrupt, Mallarmé atteignant dans le troisième monologue rétrospectif du Faune (v. 82-92) à une crudité qui ne le cède en rien, vu le trio imaginé qu'il met en scène (cunnilinctus dispensé à l'une des « naïades » et masturbation de l'autre « *par un doigt simple* »), à celle du sonnet *Une négresse par le démon secouée*. Mais tout se déroule, autre fait d'équivalence entre le soliloque du Faune solaire et le dialogue de la solitaire Hérodiade, en un paysage mental confondu avec l'espace fondamentalement verbal qui le manifeste. Ces ébats n'ont lieu que dans le langage et par eux tout advient au langage, « sens fabuleux » (v. 9), « bords siciliens » « tacites » mais exhortés à « CONT[ER] » (v. 23-25) ou encore syrinx modulant « une sonore, vaine et monotone ligne » (v. 51).

Que raconte le Faune ? Il raconte ce qu'il *se* raconte ; de là (avec ce qu'un tel mode discursif engendre en fait de coq-à-l'âne, de ruptures de ton, de répétitions et de rapides associations d'idées) deux monologues intérieurs, l'un imbriqué dans l'autre en trois morceaux que distinguent l'italique et des guillemets (v. 26-33, 61-74 et 82-92). Il vient de s'éveiller, cherche en vain à décider

---

1. Cette nature, certes, est très culturelle : elle sort, *via* Banville et d'autres, des *Bucoliques* de Virgile.

du statut et de la valeur de vérité de l'image érotique qui se présente à sa conscience — souvenir rendu confus par le sommeil ? persistance onirique ? projection d'une sensualité volcanique ? illusion synesthésique due aux effets cumulés d'un rosier (pour l'« incarnat » des deux nymphes), d'une source proche (pour les pleurs de l'une) et de la brise chaude « dans [sa] toison » (pour les soupirs de l'autre) ? —, renonce à en démêler l'« arcane » (v. 42), mais tente de fixer cette image par une rumination verbale qu'il extériorise en improvisant des mélodies sur la flûte de Pan, avant de se livrer, yeux clos, à sa songerie, puis s'assoupit de nouveau dans le vague espoir de renouer le fil de ce qui est peut-être un rêve interrompu (« Couple, adieu ; je vais voir l'ombre que tu devins », v. 110 : redescente dans la caverne du sommeil après s'être exposé au grand soleil de midi)[1].

Mais l'exégèse est pauvre au regard de l'économie du poème. Un récit fictif — celui du viol des nymphes : surprises dans leur repos saphique (goûtant « *ce mal d'être deux* », v. 69), emportées tel « un sacré fardeau nu » (v. 76) sous un « *massif* [...] *de roses* » (v. 72), puis dévorées de caresses avant de se « *délivrer* » des « *bras* » de leur amant déçu (v. 90-93) — s'y insère dans un métarécit (en caractères romains) qui l'embraie, le commente et, en certains endroits, mord sur lui selon cette dynamique propre au fantasme et qui est au principe du plaisir qu'il procure, voulant que la frontière entre le scénario et le discours mental qui

---

1. Voir le mythe platonicien de la caverne (dans *La République*).

l'encadre tende à s'estomper (voir v. 75-81)[1]. Et ce métarécit — c'est le plus important — est lui-même double : non seulement il porte à la fois sur le récit verbalisé et sa transposition musicale à l'aide du « jonc vaste et jumeau » « [élu] pour confident » (v. 42-43), mais on peut le lire de part en part comme le commentaire par le poème de ce que celui-ci cherche à exprimer et qui concerne au premier chef la fonction que Mallarmé attribue à l'écriture poétique. L'Églogue met la parole en scène et dessine les contours à l'intérieur desquels la parole exerce son pouvoir. Pouvoir de dire, certes, mais surtout d'enregistrer, de « perpétuer » ce qui pourrait avoir eu lieu, en le faisant advenir où ça parle. Le viol des nymphes que le Faune se représente à travers une illusoire remémoration vaut pour tout événement n'ayant (eu) lieu peut-être que dans la parole : c'est entre ce *peut-être* et ce *non-avoir-lieu* que s'écriront les derniers sonnets.

Le pivot de ce dispositif vertigineux, avant que la parole n'en prenne explicitement la place, est bien évidemment la « maligne / Syrinx » (v. 52-53). Instrument de musique, elle rejoint d'autant mieux avec l'écriture poétique le registre esthétique dont toutes deux relèvent, que sa mélodie est assimilée à une « ligne » (v. 51) et que « le vent » exhalé par ses « deux tuyaux » est rapporté au « souffle artificiel/De l'inspiration » (v. 17-22). Attribut du satyre qui en joue, elle est également symbole phallique, non seulement du fait de sa forme, chose banale, mais parce qu'elle « arros[e] d'accords » (v. 17) et

---

[1]. Voir également les v. 55-57 : « je vais [...] par d'idolâtres peintures,/À leur ombre enlever encore des ceintures ».

que l'improvisateur lui « confie » le soin de dire son désir frustré. Cette syrinx est aussi l'« instrument des fuites » (v. 52), c'est-à-dire, dans le fantasme du chèvre-pied, à la fois la cause de la fuite effarouchée des deux « naïades » surprises parmi les roseaux où il la confectionnait (v. 26-37) et le révélateur de leur présence (la flûte faisant donc apparaître les nymphes en les faisant subitement s'enfuir : autre logique paradoxale dont les sonnets tireront matière). De là que, comme pour annuler l'effet en annulant l'instrument qui en a été la cause, le Faune exhorte la syrinx à « refleurir aux lacs où tu m'attends ! » (v. 53) avant de transmettre à la seule parole (« Moi, de ma rumeur fier, je vais parler longtemps/Des déesses », v. 54-55) la tâche de faire être, fictivement, ce qui, fictivement, a disparu, et de représenter au désir l'objet qui lui fait défaut. Le Faune musicien s'éclipse alors au profit d'un Faune poète, artisan du simulacre.

La flûte puis la parole constituent donc, à bien y regarder, les points d'intersection des deux axes autour desquels s'ordonnent tout l'imaginaire du Faune et toute l'imagerie de l'Églogue : l'axe du discours (et de l'art en général) et l'axe de la pulsion sexuelle. Relevons, parmi d'autres figures lisibles sur ces deux isotopies : « ou si les femmes dont tu gloses/Figurent un souhait de tes sens fabuleux ! » (v. 8-9) ; « *Verdures dédiant leur vigne à des fontaines* » (v. 28) ; « *prélude lent où naissent les pipeaux* » (v. 30) ; « Trop d'hymen souhaité par qui cherche le *la* » (v. 34) ; « ce doux rien par leur lèvre ébruité »

(v. 38) ; « Le jonc vaste et jumeau [...]/Rêve, dans un solo long, que nous amusions/La beauté d'alentour par des confusions » (v. 43-45) ; « aussi haut que l'amour se module » (v. 48) ; « ma lèvre en feu buvant, comme un éclair » (v. 77). L'Églogue s'écrit ainsi sous le signe d'une transgression que relaient au sein du poème le « crime » (le rapt imaginaire des nymphes) puis le « blasphème » qui l'aggrave (vouloir posséder Vénus elle-même : « Je tiens la reine ! », v. 104), et dont le Faune accepte le « sûr châtiment » (v. 105) avant de l'oublier dans le sommeil. Cette transgression ne tient pas directement à l'obscénité du texte : du *Parnasse satyrique* à l'*Album zutique*, l'obscénité est un rituel littéraire parmi d'autres ; elle tient à la liaison dangereuse que Mallarmé y établit, en rupture avec les convenances littéraires du temps, entre l'exposition sans parodie d'un art poétique et l'expression d'une sexualité sans voile.

Modernité du *Faune* : Mallarmé est sans doute l'un des premiers à mêler aussi intensément l'une à l'autre la représentation de l'acte esthétique à une scénographie érotique. Évitons là-dessus toute pudibonderie. Il n'est pas vrai que les jouissances imaginaires du Faune dissimulent les grandes lignes d'un art poétique et qu'il faille aller de celles-là à celles-ci comme d'une surface illusoire à une vraie profondeur. Tout cela est donné d'un bloc au ras du texte, où l'activité sexuelle et l'activité artistique, parce qu'elles relèvent d'une même économie du fantasme et d'une comparable dextérité, sont en même temps la teneur et le véhicule d'un mouvement métaphorique immédiatement réversible. Lorsqu'il fait observer que le poème est « ébat [de] la Langue », il ne fait guère de doute que Mallarmé entend que l'accent soit simultanément porté sur « ébat » et sur « Langue ». Postures compliquées, étreintes, entrelacements, rétentions, audaces : l'art de la caresse et du coït, science du corps, rejoint ainsi l'art de l'écriture, science des corps verbaux. Et que ces deux arts, dans la double figuration poétique qu'en donnera Mallarmé à partir de l'Églogue, conduisent le plus souvent au fiasco ne fait que confirmer leur inhérence réciproque à ses yeux. Les exploits fictifs du Faune, aiguillonné par « tout l'essaim éternel du désir » (v. 98), agité de passions d'autant plus vives qu'elles sont sans objet pour les apaiser, peuvent déjà être mis à l'enseigne d'une écriture qui fera matière à poèmes de l'incapacité du poème à s'écrire.

En sexualisant la représentation de l'acte esthétique, Mallarmé cède sans doute, dans *L'Après-midi d'un faune,* à une malice comparable à celle qui l'avait porté, écrivant ses poésies parnassiennes, à plonger les grandes mythologies du « Poëte » dans un flot de petites notations grotesques[1]. Et il y a chez lui en effet une propension assez peu dissimulée à la subversion ironique, aussi sensible en chacun des textes qu'il signe que dans les échos à peine fortuits qu'ils se renvoient : la plume qui achève l'Églogue, au printemps 1875, est celle qui vient de tracer d'une encre elle aussi teintée d'érotisme les grandes lignes de *La Dernière Mode* parisienne. Pour autant, la réflexion qu'il livre sur son art à travers la fable du Faune est rien moins que frivole. Les fantasmes du satyre trompé par « [ses] sens fabuleux » et substituant aux femmes absentes les productions de son imaginaire en feu sous-tendent une poétique de

---

1. L'association, au v. 42, de « bast ! » et d'« arcane », relevant de deux niveaux de langue opposés, contribue au même effet. Voir la coprésence à la troisième strophe du *Billet* à Whistler de « spirituelle » et de « sans se faire [...] de bile » (p. 53).

la Fiction[1]. De même que l'art mélodieux du Faune offre à « [ses] regards clos » le « flanc pur » de nymphes idéales (v. 50), de même l'art du poète remplace le réel et ses manques par l'épure d'un mythe qui se suffit à lui-même. Position qui serait d'un idéaliste radical (et beaucoup l'ont cru) si Mallarmé ne précisait souvent que ce mythe n'a d'existence, toute formelle à ses yeux, que dans le jeu des lignes dont le poète couvre le papier[2]. C'est en ce sens peut-être qu'il convient d'entendre, au rebours du schéma platonicien, le dernier vers du *Faune*. Plongée dans le rêve, oui, mais retour aussi, après la contemplation solaire des pures Idées, au sensible, à son glorieux mensonge et à son pouvoir d'illusion.

SAINTE OU LA « CIRCONSTANCE ÉTERNELLE »

Ni *Hérodiade* ni le *Faune* ne présentent trois des principaux traits qui identifieront les poésies de la maturité : minimalisme du sujet, constriction de la forme et caractère circonstanciel. L'anecdote archaïque et la fable du satyre demeurent de grands sujets, anoblis par l'Antiquité mythique qui les alimente[3]. Pièces longues et ambitieuses, où la densité formelle se déploie plus qu'elle ne se replie, la Scène et l'Églogue sont en outre soutenues par un projet intrinsèque, substitué en cours d'élaboration à leur première destination théâtrale. Et si elles renvoient à autre chose qu'elles-mêmes, ce n'est pas à

---

[1]. « Fiction » en quoi Mallarmé verra le « parfait terme compréhensif » de la Musique et des Lettres (*O.C.*, p. 656).

[2]. « Tu remarquas, on n'écrit pas, lumineusement, sur champ obscur, l'alphabet des astres, seul, ainsi s'indique, ébauché ou interrompu ; l'homme poursuit noir sur blanc » (*Div.*, p. 254).

[3]. Jusque dans la graphie, l'appareil titulaire du « FAVNE » remplaçant le U par un V à l'imitation des inscriptions lapidaires romaines (p. 35).

l'extériorité d'un contexte ni d'une commande, mais à l'intériorité d'une œuvre virtuellement plus vaste, Mystère ou Intermède héroïque, dont elles se détachent en tant que fragments.

Les éléments qui compléteront l'appareil mallarméen, il faut les chercher en marge de ces longs textes-laboratoires, dans quelques pièces courtes écrites pour la forme et qui pour des raisons diverses (inopportunité, inachèvement, dimension privée) resteront longtemps impubliées.

Parmi ces poésies adjacentes, il faut compter, en 1868, le *Sonnet allégorique de lui-même* (p. 239), version initiale du sonnet en -yx, où s'articulent pour la première fois chez Mallarmé l'acrobatie prosodique (jeu croisé de rimes rares), la spécularité du discours et, dans un décor petit-bourgeois, la substitution au Sujet disparu (« le Maître ») d'un pur événement sans témoin, mais confondu avec l'inscription du poème qui en recueille la trace — le « cadre » où « se fixe » le « septuor » de « scintillations » n'étant autre que le sonnet *lui-même* avec ses sept rimes et leur étincellement à la fois sonore (ix) et sémantique (or).

Mettons également à l'actif de cette poétique en formation, entre 1868 et 1869, *De l'orient passé des Temps* et *Alternative* (p. 253-254) qui, déjà axés — quatrains contre tercets — sur un retournement de point de vue, constituent deux versions préparatoires d'un même sonnet octosyllabique (*Quelle soie aux baumes de temps*, p. 69). Et portons-y encore *Dans le jardin* (*A.P.*, p. 158), sonnet autographié dans l'album privé de l'épouse de William Ch. Bonaparte-Wyse (chez lequel le poète fit un bref séjour), qui représente l'une des premières occurrences d'une poésie du contre-don, remplissant une fonction dédicatoire et faisant du « nom » de la destinatrice l'élément moteur de son propre développement rhétorique (« Ellen » rimant avec « pollen » y déclenche en effet tout le processus textuel).

Remontons quelques années plus tôt. En décembre 1865, le poète fait circuler dans le cercle de ses amis « un petit poème mélodique fait surtout, dit-il, en vue de la musique » (*C.L.*, p. 261). Il s'agit, sous un titre qui sera réduit plus tard à son seul premier mot, d'un quatuor de quatrains composé en hommage à Cécile Brunet : *Sainte Cécile jouant sur l'aile d'un Chérubin (Chanson et image anciennes)*.

Comparé à la violence des poésies parnassiennes et à l'effrayant radicalisme de la Scène, ce « petit poème[1] » paraît d'une étonnante tranquillité. Un silence religieux habite tout l'espace qu'il installe, au centre duquel s'affirme (« Est ») la présence de « la Sainte pâle » (p. 41). À l'instar d'Hérodiade dont elle serait la sœur sereine, cette « musicienne du silence » est l'axe d'un monde évanescent et qui déjà n'existe plus que comme simulacre et en fonction d'elle (c'est « *pour* [sa] délicate phalange » que « l'Ange » simule « avec son vol du soir » une « harpe »). Paradoxe apparent d'un poème écrit « en vue de la musique » et qui ne fait résonner que son absence. Car c'est d'une musique contemplée plus qu'entendue qu'il semble s'agir, et doublement représentée dès lors que *Sainte* décrit (?) le contenu d'un vitrail, « fenêtre

1. C'est la première fois, notons-le, que Mallarmé minorise de la sorte un de ses textes. Ce sera chose courante par la suite : le *Faune*, un « rien » ; les *Poésies*, des « bibelots ».

recélant » ou « vitrage d'ostensoir ». Le silence remarquerait ainsi l'écart, toujours irréductible, entre la représentation (ici le vitrail mettant le texte en abyme) et ce qui en fait l'objet (le concert angélique). Se porterait-on dans l'improbable réalité de la scène figurée, le silence n'en persisterait pas moins : c'est « jadis » en effet qu'étincelait « avec flûte et mandore » la « viole », « jadis » encore que ruisselait le chant du « Magnificat » ; quant à la « harpe », étant « plumage instrumental », elle ne saurait rendre aucun son.

Ce « en vue de » quoi le texte a été « fait » est donc une autre musique, dont celle qu'il évoque en nommant instruments, partitions et musiciens n'est que le support thématique, l'analogon silencieux. C'est bien entendu de la musique du vers qu'il est question, non seulement dans sa propre séduction sonore, appuyée par la basse continue du son [ā][1], mais en tant que ligne « mélodique » courant au long de la phrase unique (avec reprises et superpositions harmoniques) qui forme le poème et lui communique son phrasé. Nous tenons là, à quelques mois du *Faune* et plus resserrée qu'en celui-ci, la première manifestation chez Mallarmé, à l'échelle d'un texte entier, d'une conception et d'une pratique musicales de la poésie. *Au-delà* du *Faune*, devrait-on dire, puisque le poète placera *Sainte*, malgré sa date de composition, *après* la Scène et l'Églogue, indiquant par là que ce texte engage une tout autre démarche d'écriture que les poèmes néo-baudelairiens qui l'ont précédé.

---

1. Recélant, santal, étincelant, mandore, étalant, ruisselant, ostensoir, Ange, phalange, santal, balance, instrumental, silence.

Écriture du pli d'abord, et figurée comme telle au v. 6 : « Le livre vieux qui se déplie. » Ce texte d'apparence très carrée — quatre quatrains d'octosyllabes — se replie trois fois : 1) autour d'un axe central signalé par les deux points (toute la suite étant à la fois reprise[1] et transformation des précédents quatrains) ; 2) sur le pivot du « Est » qui rabat la deuxième strophe vers la première, chacune étant construite sur un même schéma syntaxique (« À la fenêtre recélant »/« Est la Sainte pâle, étalant » ; « Le santal vieux qui se dédore »/« Le livre vieux qui se déplie » ; « De sa viole étincelant »/« Du Magnificat ruisselant » ; « Jadis avec flûte ou mandore »/« Jadis selon vêpre et complie ») ; 3) par l'enjambement qui coupe littéralement la « phalange » « du doigt » et relie par conséquent la troisième et la dernière strophe. Ce qui donne schématiquement, en marquant d'une barre — « pli selon pli » (p. 50) — les charnières de ce double diptyque : (1/2)/(3/4).

Écriture animée ensuite par un dynamisme paradoxal. L'immobilité du vitrail, que réplique le seul verbe principal du poème (« Est »), se prête à des actions minimales (se déplier, étaler, frôler, balancer), affectant aussi, en un cas, l'état de tel objet représenté (« le santal […] qui se dédore »). Rien de comparable, bien sûr, avec l'agitation des poésies parnassiennes. C'est que l'énergie est en train de passer dans le jeu des formes. Le caractère litanique et incantatoire du poème — reproduction d'un même schéma syntaxique, répétitions de mots et de sons, construction anaphorique de l'ensemble : « À la fenêtre recélant »/« À ce vitrage d'ostensoir » — est contrebalancé par la fluidité de structure à laquelle il s'accorde, celle de la calme période qui le compose, tendue, malgré ce qui la ramène en arrière, en direction du point d'orgue rhétorique du dernier vers. Tout le texte semble ainsi avancer en un mouvement spiralaire, à coup de régressions autocorrectrices, vers l'oxymoron impeccable qui le boucle.

---

[1]. Presque au sens musical, la reprise — retour à un point antérieur de l'œuvre lors de l'exécution — se signalant, sur une partition, par une double barre et deux points.

Il fallait s'attarder à ces faits de forme. C'est par sa construction formelle notamment, et plus encore par l'action transformatrice que cette construction exerce sur sa teneur, que *Sainte* engage une autre poétique, c'est-à-dire une conception nouvelle des rapports entre forme et contenu (l'une devenant productrice de l'autre). Le statisme de la scène est un leurre, maintenu pendant les deux premières strophes et relayé un court instant par le vers anaphorique qui ouvre le second volet du diptyque (« À ce vitrage d'ostensoir ») et qui devrait selon toute attente présider à la simple reproduction d'un contenu déjà exprimé. Advient pourtant quelque chose qui s'ajoute à la représentation (le « vol » se faisant « harpe ») et disparaissent deux choses qui d'abord étaient présentes (« sans le vieux santal/Ni le vieux livre »). Événements minimes, certes, mais introduisant dans un espace apparemment transi d'éternité l'amorce d'un mouvement, d'un disparaître et d'un apparaître qui sont moins exprimés dans le texte qu'imprimés par l'énergie rhétorique qui l'organise. Tout se passe en effet, d'un côté, comme si la négativité à l'œuvre dans la première partie du poème (« Le santal vieux qui se dédore », « étincelant/Jadis », « Le livre vieux qui se déplie », « ruisselant/Jadis ») confinait ensuite à la négation pure et simple (« sans le vieux santal/Ni le vieux livre ») et, de l'autre, comme si « l'Ange » offrant son « vol du soir » en guise de « harpe » modelait son geste sur la mobilité analogique au principe de toute métaphore. À ce titre, les deux vers de bouclage, en direction desquels s'oriente tout ce poème-phrase, condenseront l'un après l'autre les deux processus qui l'ont sous-tendu : « plumage instrumental » pour l'un, par fusion métaphorique de l'action ayant eu lieu dans la troisième strophe, « musicienne du silence » pour l'autre, par articulation oxymorique des intensités négative et positive ayant parcouru l'ensemble du texte.

Deux arts sont convoqués, dont l'un pour finir révoque l'autre : un art de la représentation mimétique, figuré par le « vitrage d'ostensoir » — art qui montre, qui fige à plat, qui suspend tout mouvement —, et un art du développement musical : mobile architecture harmonique et mélodique, fluide articulation d'événements. « Chanson et image anciennes », *Sainte* pourrait bien représenter dans l'œuvre mallarméenne le passage anticipé, comme d'une métaphore théorique à une autre, du modèle pictural propre au Parnasse au modèle musical qui sera propre au symbolisme[1].

1. Ce n'est peut-être pas un fait de hasard si le poème sera publié pour la première fois, en 1883, dans l'anthologie verlainienne des *Poètes maudits*, vigoureux manifeste antiparnassien. Voir Dossier, p. 204-205.

2. Car, poursuit-il, « l'Être est *ce qui exige de nous création* pour que nous en ayons l'expérience » (Maurice Merleau-Ponty, *Le Visible et l'invisible*, Gallimard, 1964, p. 251).

Sainte inaugure : en passant d'une forme-monument à une forme-mouvement et en montrant ce passage. N'abandonnons pas ces seize octosyllabes à leur silence d'énigme sans relever encore qu'ils amorcent chez Mallarmé la mise en relation de deux enjeux contradictoires : faire de la forme poétique, comme le dira Merleau-Ponty de la littérature, le lieu d'une « inscription de l'Être[2] » et écrire pour la circonstance, en soumettant cette forme à la formalité d'un échange.

La « Sainte pâle » n'« est » pas seulement « à la fenêtre », elle « Est » : pure présence dégagée syntaxiquement par l'inversion de la phrase et prosodiquement par la position du verbe en début de strophe. Et cette présence que la Sainte sert à nommer, comme Hérodiade le vertige qui l'habite, est d'autant plus pure qu'elle est saisie au seuil de sa disparition (d'où sa pâleur) et qu'elle se détache sur le fond d'un monde vespéral, fait d'objets vieillis, s'usant, en train de perdre de leur éclat, de s'effacer déjà, pour ne laisser finalement place qu'à un imperceptible frôlement d'aile. Les sonnets ultérieurs inverseront les pôles, le maître des lieux ou le sujet n'existera plus que comme empreinte moulée par ses objets fétiches et ses meubles, mais la logique restera la même, participant aussi bien d'une poétique de la négation que d'une métaphysique négative. Disparu ou près de disparaître, l'Être sera cela qui insiste dans l'instance de son abolition et qui ne persiste, trace énigmatique, reste précaire, qu'en étant capté par le « creux néant musicien » du poème (p. 68).

Poème qui, la plupart du temps, s'écrira sous l'impulsion de sollicitations externes, commandes, cadeaux, hommages, tombeaux, anniversaires ou commémorations. Ainsi en va-t-il déjà de *Sainte*, qui semble, comme toute œuvre subordonnée à quelque circonstance, prendre source à sa destination. Écrit à la demande de Cécile Brunet — dont le mari était maître verrier — et en guise de contre-don à celle qui porta la fille du poète sur les fonts baptismaux, le texte déduit son sujet apparent à la fois de l'occasion à laquelle il s'agit de répondre (la fête de sainte Cécile) et de certains traits spécifiques de ses destinataires (un nom pour la sainte musicienne, une profession pour le vitrail). N'importe pas seulement ici que le poème relève, comme beaucoup des sonnets qui viendront, d'une ritualisation du don et que celle-ci, loin d'appartenir à une pure extériorité hasardeuse, ait informé son contenu. Le plus important est qu'il ménage déjà — bien avant le *Coup de dés*, qui sera « LANCÉ DANS DES CIRCONSTANCES/ÉTERNELLES » (*C.D.D.*, p. 411) — une paradoxale conjonction entre la temporalité mondaine dans laquelle il s'inscrit et l'intemporalité dans laquelle survient l'événement ontologique qu'il enregistre. Ce « petit poème mélodique » est, sous ce trait aussi, le premier texte à porter la seule et vraie signature de Mallarmé.

3. « TEL QU'EN LUI-MÊME »

RETOURNEMENT DU CLICHÉ

Excepté le *Toast funèbre* (p. 42-43), dernier texte placé « à l'enseigne un peu rouillée maintenant du *Parnasse contemporain* » (*Div.*, p. 116), mais dont la grandiloquence trop appuyée revêt peut-être un caractère subversif, toutes les pièces réunies dans la seconde moitié du recueil conjuguent et approfondissent les acquis de la Scène, de l'Églogue et de *Sainte*. Pièces brèves pour la plupart et adoptant, hormis la *Prose* (p. 44-46) et *Autre éventail* (p. 48), la forme du sonnet à la française (deux quatrains, deux tercets) ou à l'anglaise (trois quatrains, un distique). Légères ou graves, « petits airs » ou « tombeaux », dons d'éventails ou méditations sur l'Être au cœur du Néant, toutes sont marquées au double sceau d'un ludisme formel et d'une ironique virtuosité. C'est que l'exercice de l'écriture et la mise en scène de ses opérations ont dorénavant plus d'importance que les contenus insignifiants ou sublimes qu'elle manipule. C'est aussi que le temps des grands sujets est révolu et que désormais la grandeur même et la gravité peuvent se traiter sur un mode mineur.

Soit le cas des *Tombeaux*. Tous, bien sûr, sont axés sur le thème — au demeurant assez conventionnel — de la métamorphose, par-delà la mort, de qui s'est enfin dépouillé de l'homme qu'il était. Celui d'Edgar Poe (p. 60), le premier en date et en position dans le recueil, a l'éloquence et l'emphase voulues par ce qui, à l'origine, devait relayer l'inauguration à Baltimore d'un monument à la mémoire de Poe, « le Poëte ». Mais déjà *Le Tombeau de Charles Baudelaire* qui lui fait suite, p. 61, abaisse le ton et plonge l'hommage funèbre dans un curieux mélange de mythologie égyptienne (l'« idole Anubis »), de prostitution urbaine éclairée au « gaz récent » (allumant « un immortel pubis/Dont le vol selon le réverbère découche ») et, plus cachée, de scène évangélique (Marie de Magdala et Salomé au tombeau du Christ). Poursuivant en fondu enchaîné sur la même image (« Le noir roc courroucé » qui « ne s'arrêtera [pas] sous de pieuses mains » évoquant la pierre roulée qui fermait le Saint-Sépulcre)[1], le *Tombeau* de Verlaine, p. 62, adopte, dans ses deux strophes centrales et leur décor bucolique (ramier, herbe), une tonalité plus légère encore et une forme interrogative proche de la conversation

1. Voir Marc, 16, dont tout l'épisode forme l'hypotexte du *Tombeau* de Verlaine : « pieux » souci d'embaumer Jésus, pierre « roulée », tombeau vide, ange disant aux femmes de « chercher » ailleurs le Christ, etc.

(« Verlaine ? Il est caché parmi l'herbe, Verlaine »), disant la complicité du poète et des lecteurs auxquels il s'adresse avec un paria sympathique (« notre vagabond ») dont la mort n'aurait pas stoppé l'errance en marge, ni tari le goût pour de plus âpres boissons que l'eau pure (« À ne surprendre que naïvement d'accord/La lèvre sans y boire ou tarir son haleine »).

Il n'y a pas là seulement changement de ton. Se produit bien plus, en implication réciproque avec le repli de l'écriture sur elle-même, une complète révolution du rapport entre grandeur et banalité. Tout infusées qu'elles étaient de mots et de motifs triviaux, les poésies antérieures à la Scène n'en recyclaient pas moins les grands clichés du Parnasse et d'un Baudelaire trop suivi pour être réellement prolongé. L'ici-bas est d'une platitude écœurante, opposons-lui l'inaccessible luxe de l'Absolu. Après 1875, date qui officialise la rupture de Mallarmé avec l'École et du coup la levée de ses devoirs d'allégeance aux thèmes admirables négociés chez Lemerre[1], ses poésies inversent les plateaux de la balance. La banalité n'est plus du côté d'une réalité à combattre, elle est passée du côté des clichés qui la combattaient et qu'il convient d'abandonner à leur désuétude emphatique, au rayon des mythes accessoires. Pour qui sait les y capter, la grandeur et la charge de nouveauté, l'énigme de l'Être et l'angoisse qu'elle entretient sont logées à l'enseigne des émotions quotidiennes et des choses banales, muettes sentinelles d'un décor déserté. Petits sujets, événements minuscules, choses élimées,

1. Alphonse Lemerre, passage Choiseul, l'éditeur attitré des parnassiens.

mobilier kitsch, érotisme fétichiste, calme tabagie, rêverie distraite au coin du feu, désormais c'est dans la caisse de faible résonance d'une vie apparemment rangée, dans tout l'« inférieur clapotis quelconque » qui la berce, qu'aura lieu « l'acte vide » du poème mallarméen (*C.D.D.*, p. 427).

« Soyez-en sûr, dit Sherlock Holmes à peu près à la même époque, il n'y a rien de si extraordinaire que le banal. » Mallarmé aurait pu contresigner le propos, qui, dit-on, répondit à l'un des mardistes croyant apercevoir dans tel de ses sonnets une subtile « synthèse de l'absolu » : « Non, mon ami, c'est la description de ma commode[1]. »

---

1. Arthur C. Doyle, « Une affaire d'identité », in *Le Rituel des Musgrave, suivi de trois autres récits*, Librio, 1996, p. 49. Le propos mallarméen, rapporté dans *L'Écho de la semaine* en septembre 1898, est cité par P.-O. Walzer, *Approches II*, Champion, 1995, p. 102.

2. Voir p. 40, 44-46, 47, 48, 49, 54, 58, 69, 70, 72. Le « tu » rimant avec « À la nue accablante tu » s'adresse à l'« écume » (p. 71).

RETRAIT DU SUJET ET PRÉSENCE DES OBJETS

Après les hyperboles lyriques des poésies parnassiennes et le repli hérodiadéen sur un « pour moi » spéculaire, les derniers sonnets font entendre une voix blanche. Le « je » s'y fait discret, semblant s'éclipser au profit du discours qu'il profère quand il n'est pas maintenu par la seule force du rapport d'interlocution qui le mobilise, souvent confondu dans un « nous » avec un « tu » presque toujours associé à des représentations féminines[2], parfois dans un « nous » plus collectif où se rassemble, à l'occasion figurée de banquets ou de cérémonies funèbres, la communauté émotionnelle des poètes (*Salut*, *Tombeau* ou l'*Hommage* à Wagner).

• À cette énonciation par défaut, qui accomplit en l'inscrivant dans l'appareil formel du texte « la disparition élocutoire du poète », répond une mise en scène de la disparition, non de celui qui parle (aucun texte, même le plus impersonnel, n'est sans voix), mais de celui qui est parlé. Le monde épuré des sonnets tardifs s'épure avant tout du Sujet et à ce titre la série des *Tombeaux* allégorise une thanatographie générale. Poe, Baudelaire, Verlaine ou Wagner — et au-delà le « pâle Vasco » (p. 65) ou encore l'amazone au sein absent (p. 72) — n'habitent plus ce monde : ils le hantent, momies poétiques enfermées dans un Panthéon miniature (le recueil) ou voyageurs passés de l'autre côté du miroir, dans une histoire qui n'est pas la nôtre. Poe allégorie du « Poëte » absolu, Verlaine vagabond d'un Éden enfin trouvé, Baudelaire Christ ressuscité auprès des prostituées arpentant « les cités sans soir », Wagner installé comme un « dieu irradiant un sacre » dans un Bayreuth au « parvis » duquel se pressent les officiants du culte, nient peut-être la mort terrestre, mais la postérité qui les encense ne leur réserve qu'une survie d'anthologie.

La forme du « tombeau » est conventionnelle : elle prête encore aux clichés, ceux d'un destin mauvais rétribué par la gloire posthume, ceux aussi de la mort et de la renaissance présidant à toute initiation. D'autres textes sont plus radicaux qui, à la mort subie, substituent un suicide symbolique. Ainsi du sonnet en -yx, où le « Maître » descend au Styx puiser des pleurs empoisonnés ; ainsi du sonnet du Cygne saisi par le gel « pour n'avoir pas chanté la région où vivre » et devenant « fantôme » parmi d'autres fantômes dans la nécropole d'un « glacier » fait d'une sédimentation de « vols qui n'ont pas fui » (p. 57)[1]. Ainsi, en un autre sens, de l'improbable venue au monde à la fois postulée et niée par le « creux néant musicien » d'une « mandore » dont « on aurait pu naître » (p. 68). Et cette logique d'annulation méthodique affectera jusqu'aux deux *Petits airs*, d'apparence pourtant plus légère, dont l'un inscrit la « jubilation nue » de la nageuse sur le fond d'une solitude « quelconque » mirant sa propre « désuétude » (p. 54) au regard du promeneur, et dont l'autre, évoquant le chant du Cygne (« L'oiseau qu'on n'ouït jamais/Une autre fois en la vie »), fait de ce chant un « sanglot pire » déchirant peut-être sans recours la poitrine qui l'exhala (« Déchiré va-t-il entier / Rester sur quelque sentier », p. 55)[2].

1. Nous avons déjà souligné la dimension allégorique de ce texte : éclatement du sujet tiraillé entre plusieurs temps (« Un cygne d'autrefois se souvient que c'est lui ») et figuration d'un poète englué dans un monde auquel cependant sa pureté l'assigne.

2. Sur la négativité à l'œuvre dans les *Poésies*, voir encore chap. IV, p. 170-175.

Rien là pourtant de morbide. Les combats de l'agonie peuvent être violents (« Tout son col secouera cette blanche agonie/Par l'espace infligée à l'oiseau qui le nie », p. 57 ; « Luxe, ô salle d'ébène où [...]/Se tordent dans leur mort des guirlandes célèbres », p. 56), la mort n'en est pas moins à la fin consentie. La disparition, l'abolition, la mort, le suicide même sont chez Mallarmé des opérations presque mathématiques : des soustractions. Par elles le sujet s'enlève au monde plus qu'il n'est privé d'existence.

• Le sujet s'étant retiré du monde, que reste-t-il ? Des objets. Les objets prolifèrent dans les sonnets de la dernière période, meubles, vases, miroirs, instruments, bijoux, parures, babioles diverses. Inutile d'en dresser la liste complète : chacun vaut, non pour ce qu'il est, mais comme élément d'une série juxtaposant les signes redondants d'un monde réifié, et privé de présence comme ces objets, par conséquent, le sont eux-mêmes d'usager, disant par leur propre inutilité l'absence de celui qui en satura son décor quotidien. Nous verrons que, de ce décor, jamais décrit dans son ensemble, ils sont l'évocation en pointillé, à charge pour le lecteur de prolonger des uns aux autres les lignes d'un dessin général. Mais notons auparavant qu'ils alimentent la poétique dont ils procèdent, poétique des objets justement, et ajustée à une pratique du poème-objet. « Objets inanimés, avez-vous donc une âme ? » demandait Lamartine qui n'en reçut pas de réponse. Mallarmé le premier, anticipant Ponge, *prend*, lui, *le parti des choses*, allant, en deux occurrences du même cas, jusqu'à leur donner la parole : ainsi des *Éventails* offerts à Méry Laurent (*A.P.*, 162-163) et à sa fille, qui, celui-ci plus disert que l'autre, s'adresse amoureusement à la « rêveuse », l'instruit des gestes et du rythme propres à son bon usage, s'enquiert des effets de jouissance qu'il lui donne et qu'elle lui rend (p. 48)[1].

1. Sur *Autre éventail* et sa structure isomorphe à celle de l'objet parlant, voir chap. IV, p. 168-169.

Il y a donc aussi une érotique des objets. Chose mobile qui parle et qui jouit, « sceptre » et attribut de la femme, l'éventail est, dans toute la chaîne des objets touchant au corps, celui qui exprime le plus ouvertement l'érotisme fétichiste du signataire de *La Dernière Mode*, avec ses audaces, ses effarouchements et ses ambiguïtés — « la touffe » que « [son] battement délivre » par un « choc profond » et par quoi « se fond » une « frigidité », qui croira par exemple qu'il ne s'agit que de la chevelure diffusant, éventée, « l'arôme émané de Méry » (p. 162-163) ? Les bijoux, même absents (chez celle « ne mouvant astre ni feux au doigt », p. 40), les parures et les vêtures, les chevelures elles-mêmes, lorsque très arrangée leur tresse forme comme « un casque guerrier d'impératrice enfant » (p. 58), s'accordent métonymiquement avec la représentation d'un corps ou bien morcelé — main, doigt, bras, tête, chef, cheveux —, ou bien exprimé dans la grande généralité d'une « nudité » qui parvient « à simplifier avec gloire la femme » (p. 40) ou bien encore confondu avec le plaisir qu'il éprouve et l'élément qui cause ce plaisir (« Dans l'onde toi devenue/Ta jubilation nue », p. 54).

Retour au site où ces objets font signe. Moulant l'absence du sujet, à l'exemple de ces miroirs aveugles n'ayant d'autre corps à refléter que spectraux (telle la « défunte nue[1] » du sonnet en -yx), leur présence insistante installe la scène du sonnet mallarméen dans un ici qui est aussi un nulle part.

• Un *ici* — celui d'un intérieur, avec ses vases et ses amphores, ses lampes-statuettes[2], ses consoles, ses étagères, ses miroirs vénitiens, ses plafonds et ses stucs, ses rideaux de dentelle et ses lourdes tentures, ses empilements d'étoffes « dispos[ant] plus qu'un pli seul sur le mobilier » (p. 63), bref tout le décor feutré de l'habitat du petit-bourgeois citadin tel qu'il s'est construit et refermé sur lui-même, comme un écrin, aux débuts du Second Empire : espace privé, obstinément clos, saturé d'objets décoratifs et se tenant derrière

---

1. À entendre en deux sens au moins : telle revenante dénudée (« Elle ») ou bien le ciel crépusculaire (thème de la mort du soleil), dont l'image, « ce minuit », est maintenant éteinte dans le miroir faisant face à la fenêtre.

2. Ou — kitsch verbal pour kitsch ornemental : « lampadophore[s] » (p. 59). Traduisons : porteuses de lampe.

d'épais velours à l'abri des rumeurs collectives et des remuements de la grande cité.

Ce sera tantôt le « salon vide » que le « Maître » des lieux a quitté pour une mort symbolique en emportant le « ptyx » — « aboli bibelot » dès lors autant porté manquant « sur les crédences » que l'hapax qui le nomme est, lui, porté absent au dictionnaire (et comprenons aussi, dans la suite logique et spécularisante de ce même vers, que ce fétiche « nul », étant « aboli bibelot d'inanité sonore », désigne le vers même qui le définit par périphrase, avec son propre balbutiement sonore (bo/bi/be-na/ni/no), et, plus largement, l'ensemble du sonnet avec la bimbeloterie de ses rimes clinquantes)[1]. Ne reste alors qu'un « miroir » au « cadre » orné de « licornes » où vient se fixer, dans un paradoxal « oubli », ayant traversé la fenêtre ouverte au nord, l'éclat des sept étoiles de la Grande Ourse (p. 59). Ce sera tantôt encore, passant du salon à la chambre à coucher à l'intérieur d'un appartement toujours le même, « la chambre ancienne de l'hoir », trois fois évoquée (p. 66-68) avec sa décoration et ses meubles (cheminée à console de marbre, vase à col peut-être de cygne, rideau de dentelle et lit d'un blanc pareil), mais à trois moments successifs d'une même nuit : la minuit, quand le « feu » éteint est celui à la fois du crépuscule évanoui et de la flambée étouffée sous les cendres (p. 66) ; l'approche de l'aube, annoncée par « Une rose dans les ténèbres » (en rappel de l'épithète homérique : « l'aurore aux doigts de rose », p. 67) ; la naissance du jour, blanchissant de l'exté-

---

1. Sur le sonnet en -yx, voir aussi chap. IV, p. 184-186.

rieur « la vitre blême » contre laquelle, en un « unanime blanc conflit », va et vient de l'intérieur la « guirlande » d'un rideau mêlée aux reflets d'un lit sans dormeur ni amants (p. 68). Et ce sera enfin — on repasse au salon — l'espace calfeutré, cocon de chaleur en plein hiver, où le maître, revenu du Styx et comme revenu de tout, le pied sur un chenet en façon de serpent, « tisonne » négligemment dans les braises en se livrant, par association d'idées — Paphos, île, écumes-hiver, neige, ébat-guivre, feu, amazone-amour, tisonnement, coït[1] — à une aimable songerie érotique où il est question d'un « blanc ébat au ras du sol » et du « sein brûlé d'une antique amazone » (p. 72).

Mallarmé : poète de l'ameublement et des jouissances domestiques ? Peut-être. C'est par là en tout cas — nonobstant les grandes mythologies solaires qui teignent de leurs feux le décor de ses chambres abandonnées — que cet « homme d'intérieur » et ce « Parisien ironique et rusé[2] » appartient à un temps et à un lieu et que ses thèmes à répétition expriment et ce temps et ce lieu. Les romantiques chantaient pour l'habiter une Nature accordée à leur désir. Leconte de Lisle, poète « antique » ou « barbare », fuira loin de toute modernité et vers le mythe d'une autre civilisation. Déjà cependant Baudelaire arpente le pavé d'un Paris qui « change » et de cette Babel de signes tire une poétique. L'intérieur mallarméen boucle la série des possibles : l'espace reclus des derniers sonnets est inséparable de l'univers urbain qui l'entoure comme un étui[3]. Ni vraiment présente — hormis dans *Le Tombeau de Baudelaire*, qui cite le paysage éclairé au gaz des *Tableaux parisiens*, et dans les *Chansons bas*, rimant les petits métiers de la rue (p. 51-52 ; *A.P.*, p. 161-162) — ni vraiment absente, la ville donne en creux sa

---

1. « Le nom de Paphos », déclencheur thématisé de cette chaîne d'associations, désigne l'île de Chypre où s'élevait un temple dédié à Aphrodite, déesse de l'amour née de l'écume et « bénie par mille écumes » (évidemment viriles).

2. Ces deux expressions sont de Claudel, voir Dossier, p. 206-207.

3. Le côté rue de Rome est plus prégnant dans l'imaginaire poétique mallarméen que le côté Valvins (manifesté par exemple dans les deux *Petits airs*).

forme à ce qui ne serait qu'un non-lieu s'il ne présentait pas et avec tant d'insistance l'aspect d'un appartement d'esthétique très datée — de même, au fond, que la silencieuse solitude qui habite le plus souvent cet appartement et le repli qu'il protège sur une intimité paisible (qui n'exclut pas « l'Angoisse », p. 59) peuvent être interprétés comme l'inscription symbolique d'un acte de résistance petite-bourgeoise autant qu'anarchiste opposé au fracas des « foules » montantes[1].

1. L'ébat sexuel aussi oppose ses jouissances privées aux exaltations collectives : « Les trous de drapeaux méditants/S'exaltent dans une avenue :/Moi, j'ai ta chevelure nue/ Pour enfouir des yeux contents » (p. 69).

- Un *nulle part* — car d'un côté, de ce même appartement inlassablement évoqué plus que décrit et dont la décoration d'époque ajoutée aux lacunes de sa représentation fait un lieu à la fois vague et semblable à tout autre du même style (donc identifiable par quiconque, dans le dernier quart du siècle, à son propre habitat), Mallarmé fait aussi un modèle réduit de l'univers où se rejouent par reflets la levée des constellations et le cycle du soleil ou des saisons, symboles de toute mort et transfiguration. Le septuor de scintillations photographié par le miroir, la nuit égrenée en trois temps d'une lente métamorphose par le Triptyque, la chevelure de la femme-flamme irradiant les derniers feux du couchant (p. 40 et 58) répliquent dans les décors et les jeux érotiques qu'ils abritent l'éternelle giration ou « le Jeu suprême » des astres et des heures. *Quand l'ombre menaça* (p. 56), premier des *Plusieurs sonnets*, donne à ce titre la « fatale loi » d'une série qui contient tout le reste du recueil. La succession des strophes, a-t-on dit, s'y ajuste aux trois phases de la nuit, extinction du crépuscule (premier quatrain), « ténèbres » (second quatrain), allumage des constellations (tercets). Mais du point de vue où nous sommes, il juxtapose surtout, en condensant d'ailleurs le thème hérodiadéen, le « luxe » d'une « salle d'ébène » (« où, pour séduire un roi [Hérode]/Se tordent dans leur mort des guirlandes célèbres [Salomé dansant, toutes les Salomés][1] ») et l'immensité cosmique de « l'espace à soi pareil qu'il s'accroisse ou se nie », roulant ses astres naissants avec d'obscurs désastres (*ibid.*).

1. Le « solitaire ébloui de sa foi » n'est autre sous cet angle que Jean-Baptiste. C'est lui qui, au début, dit son aspiration au supplice (« désir et mal de mes vertèbres ») et qui, au dernier vers, devient « astre », comme dans le *Cantique*.

L'*ici-nulle part* n'exclut pas en effet un *là-bas* élargissable aux deux confins de l'espace et de l'Histoire, comme c'est le cas encore du périple infini du « pâle Vasco » (p. 65), indexé de plus sur l'isotopie /navigation/ qui traverse l'ensemble du recueil (*Salut, Brise marine, À la nue accablante tu*). Cet *ici-nulle part* n'interdit pas non plus quelques brèves excursions hors des murs confinés de l'appartement ; ainsi dans les deux scènes de plein air intitulées chacune *Petit air* (p. 54-55), vision furtive d'une belle nageuse à la tombée de la nuit pour l'une (rappelant le voyeurisme du Faune), errance bucolique pour l'autre, où se devinent les plaisirs de Valvins (le poète avait là, en bord de Seine, sa maison de campagne et ses habitudes estivales : jardinage, bricolage, voile).

Conjoints mais non confondus, la « salle d'ébène » et « l'espace à soi pareil » indiquent sans s'y prêter pleinement la logique paradoxale qu'observent la plupart des sonnets. Quand « l'onde » devient la nageuse et que celle-ci se fond dans la « jubilation nue » qu'elle éprouve (p. 54), quand la chevelure est donnée pour la « seule qui [...] retienne » « en [s']en coiffant » un peu de l'éclat du « ciel évanoui » (p. 58), quand le « ptyx » (p. 59) retourne au Néant d'où il provient et qu'il contient (car au v. 8, « Avec ce seul objet dont le Néant s'honore », le verbe pronominal autorise une réflexion l'un dans l'autre du néant et de l'objet : le néant s'honore de ce seul objet et cet objet seul s'honore de son propre néant), quand au mur du salon un miroir absorbe l'image de la Grande Ourse (*ibid.*), quand dans une chambre vide (p. 66-68) les éléments décoratifs tour à tour évoqués symbolisent la révolution de la terre autour du soleil et la ronde des heures (une « fulgurante console » pour la nuit, le « col » d'un « vase » en attente d'une rose pour l'aube qui s'annonce, une « mandore » pour la naissance du matin), c'est toujours en effet la même logique qui est à l'œuvre, celle d'une inclusion réciproque de la partie et du tout, du particulier et de l'universel, du local et du global, du point et du cercle : de l'*ici* et du *partout*, autre figure du *nulle part*.

L'ÉNIGME ET LE SOUPÇON

Un *nulle part*, la salle, la chambre, le salon ou tout espace mallarméen l'est enfin en tant que lieu d'un « aura eu lieu » (*C.D.D.*, p. 427).

Sainte ouvrait la voie d'une onto-poétique : l'Être y était, à ce point irréfutablement inscrit que ce n'était pas sans quelque tautologie, déjà, qu'il s'y trouvait restitué avec « la Sainte » l'incarnant, insensiblement libérée de ses attributs contingents, à l'originarité d'une pure essence (« musicienne du silence »). Dans les derniers sonnets, l'Être n'est plus là, parce qu'il n'*est* plus, tout se passant comme si le travail de la négation, approfondi après *Hérodiade*, en avait vidé la place.

Mais, vidée, la place en demeure[1], et demeure aussi l'énigme de ce qui l'occupait. Même dans les poésies les plus radicales, les chambres, les salons, les lieux en tout genre ne sont pas vides. Vides de présence humaine et de tout sujet en général[2], ces espaces restent des contenants ou des surfaces d'exposition où se détachent des objets épars.

De ces objets la plupart décoratifs, dont nous avons dit déjà l'inutilité pratique, il faut à présent souligner l'utilité symbolique, c'est-à-dire signalétique. Tous sont des signes et plus encore des indices. D'un côté ils marquent le lieu, entendons qu'ils lui donnent une forme suggérée et qu'ils présentent cette forme à la représentation (sans eux, pas d'espace représentable, donc pas de mouvement possible ni de temps : limite vers quoi tendait le processus d'abstraction à l'œuvre dans *Sainte* ou *Hérodiade*). De l'autre ils indiquent, à la façon de traces ou d'empreintes ou encore d'épaves, que quelque chose a peut-être eu lieu, dont ils auront été les témoins, ou que quelqu'un peut-être était là, qui n'y est plus.

---

1. À l'inverse de l'espace sans places — parce que sans objets pour les marquer — où le « petit poème mélodique » avait inscrit pour finir l'être de la Sainte.

2. Hormis le sujet portant le masque des mots, c'est-à-dire la voix poétique qui acte cette absence.

À LA NUE ACCABLANTE TU

Ainsi, dans l'avant-dernier sonnet du recueil (p. 71), le « mât dévêtu », ultime épave « entre les épaves » déjà englouties, et l'agitation de l'écume elle-même, qui cache ce qui a passé sous la surface mais révèle aussi que quelque chose s'est passé (« tu/Le sais, écume, mais y baves »), attestent un événement n'ayant pas eu de spectateur direct et alimentent un questionnement qui demeurera en suspens dans l'incapacité de trancher entre deux réponses équivalentes, vu l'absence de toute preuve positive : naufrage « ou », « faute/De » navire en « perdition », l'abîme marin se sera-t-il vengé en noyant une sirène (en cela « avare », puisqu'il aurait dès lors absorbé, absolue rétention, un être appartenant à son propre élément)[1] ? Les indices désignent, mais se taisent : le désastre est « tu » sous un ciel accablant, ses « échos » sont « esclaves » — autrement dit ne se libèrent pas, ne se donnent pas à l'écoute —, et la « trompe » d'alarme a peut-être été « sans vertu », donc inefficace. Tout le poème tient en trois signes de perplexité qui se cumulent : une question — « Quel sépulcral naufrage » —, un « ou », qui met en balance deux options également plausibles (poétiquement) et un futur antérieur — « Avarement aura noyé » — qui évoque un passé en laissant planer le doute.

1. Notons aussi le paradoxe d'une sirène, être aquatique, se noyant dans son propre élément. Paradoxe déjà présent dans *Salut : « Telle loin se noie une troupe/ De sirènes mainte à l'envers »* (p. 3).

Quelque chose se passe, s'est passé, « a dû » peut-être se passer, dont les objets conservent — peut-être — la trace et dont une voix anonyme, celle du poème, parfois un « je », cherche à percer le mystère : beaucoup des <u>faits divers métaphysiques</u> que sont les derniers sonnets s'écrivent sur ce schéma, à l'exemple, à vrai dire limite, de l'indéfinissable désastre qui confère sa structure interrogative à l'avant-dernier d'entre eux. Et comme de l'énigme qui résiste à l'incertitude il n'y a qu'un pas, beaucoup diront le « doute » ou frapperont de soupçon ce qu'ils captent, ou se construiront sur un battement entre deux hypothèses indécidables.

Le « doute » avait fait son apparition dans l'imaginaire et dans le texte du Faune — « Aimai-je un rêve ?/Mon doute, amas de nuit ancienne, s'achève », p. 35, v. 3-4 — d'emblée lié à la question de savoir si vraiment s'était produit ce dont la conscience gardait vaguement l'empreinte (le viol des naïades). *Un coup de dés* jettera sur la table de la même page sa deuxième formule-programme — « RIEN N'AURA EU LIEU QUE LE LIEU », p. 427 — et l'improbable inscription d'un pur « événement » : « RIEN de la mémorable crise ou se fût l'événement accompli en vue de tout résultat nul humain » (*C.D.D.*, p. 426-427). Entre-temps le « doute » aura essaimé sous des formes diverses : la chevelure « [sème] de rubis le doute qu'elle écorche » (p. 40) ; « l'espace » du *Toast funèbre* « a pour jouet le cri : " Je ne sais pas ! " » (p. 43) ; « Indomptablement a dû » retentir un cri — mais « Cela dans le doute expire » si ce « sanglot » « a jailli » du sein d'un oiseau ou du poète — et « Déchiré va-t-il entier/Rester sur quelque sentier ! » : rien moins que sûr (p. 55) ; « Une dentelle s'abolit/Dans le doute du Jeu suprême » (et c'est là, probablement, p. 68, la formule clé des sonnets et leur *cogito* général : quel est ce « Jeu » ? Le cycle solaire ? L'ébat charnel ? Dieu ? Le Je ? — tout cela indiscernablement mêlé) ; « La bouche ne sera sûre/De rien goûter à sa morsure » (p. 69) ; et pour finir « Je pense plus longtemps peut-être éperdûment/À l'autre, au sein brûlé d'une antique amazone » (p. 72)[1]. Autour de cette chaîne il faudrait encore enrouler selon « un thyrse

1. Seule exception, encore qu'inscrite par la négative dans ce même réseau : « l'aile indubitable » ployée dans l'âme du « solitaire ébloui de sa foi » par « tel vieux Rêve » (p. 56).

plus complexe » (*O.C.*, p. 644) tout ce qui « flotte » et tout ce qui « frôle », à mi-chemin du toucher et du non-toucher, comme aussi la série des verbes au conditionnel, des « peut-être », des « si », des « oui » et des « non », des « mais » et des tournures concessives ou restrictives, qui nuancent, corrigent ou font vaciller ce qui aurait pu prendre l'aspect d'une affirmation (du type « sinon que », « ou cela que », « encor/que »). Nul besoin de saturer ici ce qui l'est déjà dans le texte, et dont la réitération accomplit — comme l'a bien vu Derrida[1], qui l'insérera dans la chaîne conceptuelle de sa *différance* — le non-thème de l'« hymen », de l'« entre », du « pli », de l'intervalle entre rien et tout, où agissent contradictoirement le pouvoir disséminal du poème et sa tendance à se contracter sur lui-même. Comme la régression ontologique d'Hérodiade, l'énigme et le soupçon n'ont de métaphysique que ce qu'il faut en fait d'enveloppe pour y parapher le mouvement de l'écriture.

Formalisme absolu. Alain Badiou a raison, cependant, de souligner que le poème mallarméen « doit être pensé dans la catégorie de l'énigme, au sens policier du terme », ajoutant que si ce poème repose sur un répertoire très limité d'éléments, « c'est selon la même loi qui fait que dans un roman policier on ne saurait avoir plus de quelques personnages, au plus une dizaine, puisque c'est dans ce groupe fini que doit errer le *soupçon*, et qu'au-delà d'un certain nombre, il devient évasif et sans portée[2] ». Complétons : c'est encore suivant la même loi que la scène du

---

1. J. Derrida, *La Dissémination*, Seuil, 1972. Voir aussi Dossier, p. 227-228.

2. Alain Badiou, « Est-il exact que toute pensée émet un coup de dés ? », *Les Conférences du Perroquet*, 5, janvier 1986, p. 7.

texte s'installe dans un intérieur fermé sur lui-même, où la parole poétique s'insinue comme de son côté le détective, médiateur des indiscrétions publiques et instrument privé du Pouvoir, enquête en milieu clos sur les petits secrets de famille ou les grandes énigmes sanglantes (de Poe à Leroux, le mystère de la chambre close est la forme basique du récit d'enquête, et de même le motif qui s'y articule, mallarméen lui aussi, de la disparition ou du « crime » indéchiffrables).

Ce rapprochement pourrait surprendre, et sans doute Badiou l'initie-t-il de son côté dans le cadre d'une réflexion sur le chiffre de l'Événement et l'énigme de l'Être[1]. Déplaçons le point de vue. Ce n'est certainement pas un fait de synchronie fortuite si les sonnets mallarméens — avec les machinations mystérieuses qu'elles agencent, avec leurs tournures interrogatives et tout leur appareil de lieux clos et d'objets-signes — s'écrivent au moment où le roman de détective prend son essor (après l'Amérique avec Poe, en Angleterre avec Wilkie Collins puis Conan Doyle, en France avec Gaboriau puis Leroux)[2] et où ce roman fait, lui aussi, de la chasse à l'indice et d'une quête herméneutique le double moteur de son discours. Non qu'il y ait, de l'un à l'autre, influence directe — Poe, à la fois poète et initiateur de la *detective story* (et dont Mallarmé hérite *via* Baudelaire) faisant toutefois jonction entre les deux pôles. C'est plutôt qu'à des niveaux littéraires symétriques dans la hiérarchie des genres, le poème « symboliste » et le roman

---

[1] Voir, du même, *L'Être et l'Événement*, Seuil, 1988.

[2] Voir, à ce sujet, Jacques Dubois, *Le Roman policier ou la modernité*, Nathan, 1992.

de détection portent l'empreinte d'une même culture de l'indice et du détail signifiant (se faisant jour à la fin du XIXᵉ siècle dans des savoirs divers : psychanalyse, histoire de l'art, pratiques d'authentification des œuvres, etc.)[1] et d'une représentation d'un monde à reconstruire par pièces et morceaux. Le roman policier proposera la figure du puzzle (très cadré), le poème mallarméen, y compris dans sa rhétorique, celle de la mosaïque (à bords flous).

L'important, en dernière analyse, est que cette similitude cache une différence essentielle. Là où la solution du mystère finalisera et bouclera d'un côté tout le récit, le poème gardera le mystère intact, abandonnera les indices à leur muette sémiologie, laissera ouvert le champ des possibles.

Le mot de l'énigme mallarméenne existe cependant. C'est le texte lui-même, forme hantée par un Sens disparu.

1. Carlo Ginzburg a étudié cette configuration dans « Signes, traces, pistes. Racines d'un paradigme de l'indice », *Le Débat*, 6, novembre 1980, p. 3-44.

IV PROSODIES

« En toutes choses, désormais, rien ne peut être nouveau que par la forme[2]. » Vue prophétique : Nodier actait avec près de trente ans d'avance le repli des esthétiques de la modernité sur un espace formel à explorer. Peindre, au chevalet de Géricault, Ingres ou Delacroix, c'était encore présenter un sujet à une technique de représentation. Avec Manet, Seurat, Cézanne, ce sera établir en

2. Charles Nodier, *Notions de linguistique*, Eugène Renduel, 1834, p. 3.

chaque tableau, quel qu'en soit l'objet, « de nouvelles lois de l'espace et de la lumière[1] ». La poésie était tantôt (Lamartine, Musset) journal intime des émotions subtiles, tantôt (Hugo, Vigny) reportage lyrique ou philosophique d'événements passés au crible d'une sensibilité individuelle ; devenue entre-temps relation d'une impassible « contemplation des formes éternelles » (Leconte de Lisle), elle se confondra chez Mallarmé avec l'inscription, au moyen de sujets mineurs, d'une expérimentation verbale impersonnelle. Poésie ou peinture, cette histoire s'écrit en deux générations comme celle d'un contenu qui se vide au profit d'un processus formel de signification. Autre raison encore de la raréfaction thématique des derniers sonnets. Dès que le jeu verbal absorbe en grande partie l'énergie du texte, un stock restreint de motifs suffit : c'est leur traitement qui variera.

[1]. Mallarmé, *The Impressionists and Édouard Manet*, p. 72 (nous traduisons).

Encore cette variation s'effectuera-t-elle sous la commande d'une écriture limitée à un petit nombre d'opérations fondamentales. À suivre Mallarmé, il n'y en aurait même que deux, qui sont aussi deux « visées » constitutives du discours poétique, « Transposition » pour l'une, « Structure » pour l'autre (*Div.*, p. 248). La première, en allégeant le sujet de son poids de réalité (de sa dimension référentielle), réduit ce sujet à ses traits essentiels et l'élève, « sans la gêne d'un proche ou concret rappel », au rang d'une « notion pure » (*Div.*, p. 251). La seconde « cède l'initiative aux mots » et remplace « l'ancien souffle lyrique ou la direction personnelle enthousiaste de la phrase » (qui naguère animaient la phraséologie romantique) par un système autoréflexif de relations organiques (*Div.*, p. 248-249).

1. « ON A TOUCHÉ AU VERS »

Au regard de cette histoire allant d'une poésie fondée sur des contenus lyriques à une poésie conçue comme expérience esthétique, l'effraction du vers libre, cet « attentat » perpétré dans les années 1880, prend moins l'aspect d'une rupture que d'une révolution ou d'un « bouleversement » au sens étymologique de ces termes[1]. « Toucher au vers », c'est à la fois élargir à l'enveloppe du poème l'activité formelle dont celui-ci est le lieu et affecter à cette seule activité, en enlevant au texte poétique sa marque la plus sensible (le vers compté et rimé), les signes différentiels de son identité générique : le poème se distinguera de toute autre pratique textuelle non plus tant par une prosodie codée, qui permettait par exemple à Coppée de passer pour poète en rimant des narrations réalistes, que par la performance d'écriture avec laquelle il se confond. Rapportant l'événement à Oxford et Cambridge, Mallarmé est là-dessus très clair. De l'« heureuse trouvaille [le «*vers libre*[2] »] avec quoi paraît à peu près close la recherche d'hier » et de la crise qu'elle a ouverte dans le champ poétique, le poète-conférencier déduit une question d'essence : « Orage, lustral ; et dans des bouleversements, tout à l'acquit de la génération, récente, l'acte d'écrire se scruta jusqu'en l'origine. Très avant, au moins, quant au point, je le formule : — À savoir s'il y a lieu d'écrire » (*O.C.*, p. 644-645).

[1]. Que la paternité du vers libre soit discutée — Marie Krysinska ou Gustave Kahn ? Verlaine, Rimbaud, Laforgue ? — montre qu'il ne relève pas d'une initiative individuelle, mais d'une transformation collective du fait poétique.

[2]. Souligné par Mallarmé.

Ainsi, la question du vers libre est la question de la poéticité même. Faute désormais de tout code supérieur (car une fois qu'« on » y « a touché », le vers régulier, même rétabli ou prolongé par ailleurs, ne pourra plus passer pour la loi unique et la forme absolue du poème), l'écriture poétique doit se ressourcer à sa propre « origine » et en quelque sorte se fonder par elle-même en faisant émerger et sa propre essence et sa propre raison d'être — soit celles d'un « acte » autonome et d'un complexe d'opérations irréductibles à toute fonction pratique.

THÉORIE DU VERS

Ce vers libre dont il a plus « avant » que quiconque sondé les implications théoriques, Mallarmé s'est abstenu pourtant de le pratiquer, optant même par une préférence presque exclusive après 1875 pour la forme fixe du sonnet en alexandrins ou en octosyllabes. « Par habitude », dit-il une fois (*Div.*, p. 340). En quoi il ne convainc guère, l'aveu du maître servant trop visiblement à rendre hommage aux audaces de ses disciples, lui « *déjà sur la poupe* », eux « *l'avant fastueux qui coupe/Le flot de foudres et d'hivers* » (p. 3)[1]. D'autres raisons ont commandé ce qui, en un temps de refonte générale des codes, représenta un véritable engagement esthétique.

• La première est d'ordre institutionnel. « Canon hiératique » ou « nombre officiel[2] », la versification traditionnelle n'est pas seule-

[1]. Cet aveu de routine convainc d'autant moins qu'à l'horizon des *Poésies* se profile l'expérience du *Coup de dés*, apothéose d'un vers autrement libéré.

[2]. En l'absence de référence, les citations à suivre viendront de *Crise de vers* (*Div.*, p. 239-252).

ment, en soi, une institution poétique ou, pour reprendre au poète l'une de ses métaphores, un « monument public quant à notre ville » (*Corr.*, III, p. 120), installé comme le « monument » Hugo, qui « était le vers personnellement », au centre de la cité littéraire : elle est aussi institution de la poésie, la situant dans le prolongement d'une histoire deux fois millénaire (l'alexandrin est « notre hexamètre ») et la démarquant des autres usages de la langue (même si « le vers est partout dans la langue où il y a rythme, partout, excepté dans les affiches et à la quatrième page des journaux » et si « toutes les fois qu'il y a effort au style, il y a versification[1] »).

1. Entretien avec J. Huret, p. 74-75.

• Le pouvoir d'institution du Vers émane d'une puissance opératoire que le poète ne reconnaît pas au même degré d'intensité dans la versification libre. En celle-ci, « l'opération poétique de la commune mesure [...] fait défaut, ou n'est pas en jeu » ; or « le fait poétique lui-même consiste à grouper, rapidement, en un certain nombre de traits égaux, pour les ajuster, telles pensées lointaines autrement et éparses ; mais qui, cela éclate, riment ensemble » (*C.L.*, p. 617-618). En un sens, Mallarmé réduit la poésie régulière à l'égalité numérique des vers qu'elle aligne[2] ; mais, en sens inverse, il étend aussi bien à la totalité du « fait poétique », sens et forme fondus, une « opération » dont la rime est le signe le plus visible et l'un des moyens — à savoir, constitutive de la rhétorique générale du poème, une orchestration de rapports entre un dispositif formel (l'espace prosodique comme système

2. Voir Benoît de Cornulier : « le seul rapport métrique est d'égalité » (*Théorie du vers*, Seuil, 1982, p. 39). Il est remarquable à cet égard que tous les vers postérieurs aux poésies de jeunesse, à la seule exception du *Cantique* (p. 83), soient isométriques.

de positions) et les « pensées » s'y « ajustant » (l'ensemble des motifs qui s'y distribuent)[1].

1. Jakobson et Lévi-Strauss ne feront pas valoir autre chose lorsqu'ils établiront à partir d'un sonnet baudelairien la grammaire du texte poétique (« "Les chats" de Charles Baudelaire », *L'Homme*, II, 1962, p. 5-21).

D'un tel jeu de rapports, la rime « d'aile ivre-délivre » du sonnet du Cygne (p. 57) est particulièrement représentative. Sa performance ne tient pas uniquement au calembour qu'elle opère d'une strophe à l'autre (d'aile + ivre = délivre). Elle tient bien plus au rapport de conséquence qu'elle induit entre la délivrance du Cygne prisonnier des glaces et le « coup d'aile ivre » qui aurait pu peut-être, s'il s'était lui-même libéré, assurer cette délivrance.

• L'ajustement du mètre et du sens est au service de la fonction la plus haute que Mallarmé attribue enfin au vers, qui est de « rémun[érer] le défaut des langues » ou, dans les termes du *Tombeau d'Edgar Poe*, de « donner un sens plus pur aux mots de la tribu » (p. 60). Depuis Babel la parole humaine est en morceaux, divisée entre plusieurs « idiomes » et privée en chacun de toute relation nécessaire, de tout rapport de « vérité » entre les signes qui la composent et leur référent.

La page irradie au milieu de *Crise de vers* : « Les langues imparfaites en cela que plusieurs, manque la suprême : [...] la diversité, sur terre, des idiomes empêche personne de proférer les mots qui, sinon se trouveraient, par une frappe unique, elle-même matériellement la vérité. Cette prohibition sévit expresse, dans la nature (on s'y bute avec un sourire) que ne vaille de raison pour se considérer Dieu ; mais, sur l'heure, tourné à de l'esthétique, mon sens regrette que le discours défaille à exprimer les objets par des touches y répondant en coloris ou en allure [...]. À côté d'*ombre*, opaque, *ténèbres* se fonce peu ; quelle déception, devant la perversité conférant à *jour* comme à *nuit*, contradictoirement, des timbres obscur ici, là clair. Le souhait d'un terme de splendeur brillant, ou qu'il s'éteigne, inverse ; quant à des alternatives lumineuses simples — *Seulement*, sachons *n'existerait pas le vers* : lui, philosophiquement, rémunère le défaut des langues, complètement supérieur. »

Nostalgie, dirait-on, d'une Langue d'avant les langues, dont chacune porterait le deuil. Et rêverie cratylique[1], a-t-on dit, bien que le poète prenne plutôt le point de vue d'un Cratyle convaincu par Hermogène du caractère artificiel des mots. L'essentiel, préparé par quelques traits d'ironie, est souligné dans la clause finale : s'il revient au vers de réduire l'imperfection des langues, c'est néanmoins celle-ci qui conditionne et justifie son existence. Dans une langue parfaite, la poésie n'aurait pas lieu d'être, elle s'y confondrait avec la parole ordinaire. Dans une langue déchue en revanche (et, Mallarmé le sait bien, il n'en est pas d'autres : donc aucune Autre d'où déchoir), non seulement la poésie est fondée à exister comme haut langage en porte à faux sur l'usage commun, mais elle tire sa propre énergie du décalage entre les mots et leur sens, sinon du conflit, qu'elle surmonte par « la seule dialectique du Vers » (*Div.*, p. 233), entre la virtualité d'une Langue idéale et la réalité d'une langue soumise à ce hasard socialement contrôlé que Saussure, quelques années plus tard, appellera l'arbitraire du signe.

Marquons ce terme : *dialectique*. La correction du « défaut des langues » ne passera pas par l'harmonie imitative, pauvre expé-

1. Du nom du personnage de Platon, Cratyle, qui dans le dialogue portant ce titre soutient, contre Hermogène, que les mots du langage sont naturellement adéquats aux choses qu'ils nomment.

dient, ni par ces allitérations mimétiques dont les traités de rhétorique faisaient leurs exemples désuets (« Pour qui sont ces serpents », etc.). C'est du « Vers » même qu'elle procédera, de la force ou de la Structure qui en tel poème ordonne sa prosodie : « Qu'une moyenne étendue de mots, sous la compréhension du regard, se range en traits définitifs, avec quoi le silence. »

Le Vers ne supprimera pas « le hasard demeuré aux termes » : nul cratylisme naïf chez Mallarmé[1] ; il le mettra en suspens en rangeant les mots de telle sorte qu'à leur contenu individuel se substitue le miroitement d'une signification collective. Rendus à la langue courante, ces mots redeviendront formes en prise arbitraire sur un signifié conventionnel. Saisis par « la compréhension du regard » dans le vers qui les soude en un « mot total », ils resteront sur l'autre plan du langage où ils ont passé, dans cette langue-fiction du poème en laquelle ils adhèrent, non à des choses désignées, mais à un appareil verbal producteur de sens. C'est la conclusion de *Crise de vers*, où se réexprime le double principe de la Structure et de la Transposition : « Le vers qui de plusieurs vocables refait un mot total, neuf, étranger à la langue et comme incantatoire, achève [l']isolement de la parole : niant, d'un trait souverain, le hasard demeuré aux termes malgré l'artifice de leur retrempe alternée en le sens et la sonorité[2], et vous cause cette surprise de n'avoir ouï jamais tel fragment ordinaire d'élocution, en même temps que la réminiscence de l'objet nommé baigne dans une neuve atmosphère. »

---

1. Le cratylisme mallarméen n'est pas moins simulé que son platonisme. Il n'y pas plus pour lui de Langue parfaite sur laquelle régler les opérations du poème que d'Idée à atteindre au-delà des simulacres qui la masqueraient.

2. Autrement dit : « UN COUP DE DÈS/ JAMAIS/N'ABOLIRA/LE HASARD. »

On retrouve ici ce que recouvrait la figure du « trésor » — le poème en tant que réseau de connexions formelles — mais affecté, comme d'un luxe supplémentaire, de ce pouvoir de « rémunération » dont Mallarmé crédite le Vers. L'insistance des métaphores économiques dans sa théorie esthétique mérite d'être soulignée. « Tout se résume, disait-il, dans l'Esthétique et l'Économie politique » (*O.C.*, p. 656). Façon de faire valoir, notamment, que dans un domaine comme dans l'autre l'indice de valeur (économique ou symbolique) de tout élément dépend des rapports qu'il entretient avec d'autres en circulation dans le même espace.

PRATIQUE DU VERS

Jacques Roubaud a montré qu'il n'y a pas, dans le traitement du vers, solution de continuité de Hugo à Mallarmé, celui-ci ne s'autorisant pas de violations du code prosodique dont celui-là n'ait déjà donné l'exemple[1]. On ferait cependant fausse route à opposer l'activisme prosodique du premier, partie prenante d'une insurrection générale contre l'ancien régime rhétorique, aux audaces plutôt conservatrices du second. Car s'il en reproduit les gestes techniques, le travail mallarméen du vers n'en renoue pas moins avec ce que la versification hugolienne avait eu de libérateur. Entre-temps a eu lieu la restauration parnassienne, ayant « fourn[i] le point de repère entre la refonte, toute d'audace, romantique, et la liberté » (*Div.*, p. 116)[2].

1. J. Roubaud, *La Vieillesse d'Alexandre*, Ramsay, 1988.

2. Ajoutons qu'il n'y a pas moins d'entorses types au vers classique dans l'œuvre du grand dislocateur du vieil alexandrin que dans l'œuvre incomparablement plus brève de son successeur. À ce compte, en fait de densité, ce dernier l'emporterait.

La plupart des entorses à la règle se ramènent, chez l'un comme chez l'autre, à un démantèlement systématique de l'unité syntactico-métrique, voulant que les articulations de la phrase correspondent aux coupes du vers et de la strophe. Exemples mallarméens : « La délicate phalange//Du doigt » (p. 41), « La chevelure vol [/] d'une flamme à l'extrême/Occident de désirs » (p. 40), « Leur défaite, c'est par [/] un ange très puissant » (p. 4), « Le blond torrent de mes [/] cheveux immaculés » (p. 27), « Toi qui te meurs, toi qui [/] brûles de chasteté » (p. 32), « Pas les rafales à propos/De rien » (p. 53), « Elle, défunte nue en le miroir, encor/Que, dans l'oubli » (p. 59), « Dont le vol selon le [/] réverbère découche » (p. 61), « Magnifique mais qui [/] sans espoir se délivre » (p. 57), « À me peigner noncha[/]lamment dans un miroir » (p. 28), « Que se dévêt pli se[/]lon pli la pierre veuve » (p. 50).

Le vers : un « mot total »

De Hugo à Mallarmé, toutefois, l'enjeu diffère. Hugo disloquait là où Mallarmé « creuse », soumettant le vers, auquel le relie une fidélité critique, à un double travail de saturation et de taraudement avant de passer, dans l'explosion typographique du *Coup de dés*, à un tout autre régime prosodique, ni vers compté-rimé ni vers libre. L'un surtout subordonnait le mètre à une expressivité lyrique là où l'autre en fait la fabrique d'un « mot total », c'est-à-dire un des vecteurs interdépendants d'un processus global de signification.

C'est de ce processus qu'il faut faire l'épreuve à lire Mallarmé. Chose infaisable en peu de pages : il faudrait rivaliser d'acharnement avec le poète lui-même. On s'en tiendra à quelques faits significatifs.

• Au système de la rime d'abord, laquelle « ne fait qu'un avec l'alexandrin qui, dans ses poses et la multiplicité de son jeu, semble par elle dévoré tout entier comme si cette fulgurante cause de délice y triomphait jusqu'à l'initiale syllabe » (*Div.*, p. 233). Dévoreuses, les rimes mallarméennes seront le plus souvent très riches, et d'une acrobatie trahissant le fidèle admirateur de Banville et le transfuge du Parnasse, école d'orfèvres en pareils « bijou[x] d'un sou ». À ceci près, changeant tout, que la rime n'est jamais ici un vain ornement, non plus qu'une prouesse gratuite : même pauvre, chose rare[1], elle collabore à la mise en forme générale du sens.

À ce titre, les *Poésies* présentent non tant un catalogue de rimes virtuoses qu'un tableau à trois entrées des opérations susceptibles de conférer à la rime non seulement un caractère ludique (particulièrement sensible dans les *Chansons bas* ou le *Billet* à Whistler), mais surtout la capacité de condenser, sinon d'organiser la signification :

1) *calembour* : « motif, on dit-approfondit », « de visions-devisions », « désir, Idées-des iridées », « de voir-devoir », « monotone ment-mon étonnement », « par chemins-parchemins » (p. 45)[2], « ce l'est-bracelet » (p. 48), « lavendes-la vendes », « cil-s'il » (p. 52), « que puisse l'air-Whistler » (p. 53), « s'y lance-silence » (p. 55), « l'hoir-couloir » (p. 66), « hormis l'y taire-militaire » (*A.P.*, p. 163), etc. ;

2) *homonymie* : « non-nom », « nuit-nuit » (p. 43), « n'eus-nus » (p. 51), « mains-maints » (p. 62), « sourde-sourde » (p. 64), « tends-temps » (p. 69), etc. ;

1. Voir la rime « bosquet-jamais » du second *Petit air*, qui semble dire par son peu d'écho sonore la « Voix [...] par nul écho suivie » et « L'oiseau [...] qu'on n'ouït jamais/Une autre fois en la vie » (p 55).

2. À la fois performance d'écriture et manifeste, la *Prose* (pour des Esseintes) porte ce procédé et tous jeux de rime en général à leur maximum d'intensité. Voir aussi p. 182.

3) *inclusion d'un mot dans un autre* : « paupières-pierres » (p. 19), « spirituels-rituels » (p. 44), « muraille-raille » (p. 52), « écumes-vécûmes » (p. 53), « longe-plonge » (p. 54), « entier-sentier » (p. 55), « lambeau-flambeau » (p. 56), etc.[1].

Enjeu et effet communs à ces modes de formation de la rime : à divers degrés de réussite selon les cas, ils contribuent à une motivation des mots qu'ils mobilisent, soit que le rapport rhétorique des éléments rimants s'accorde au sens général du poème (on l'a vu déjà avec la rime « d'aile ivre-délivre »), soit que leur rapprochement ou leur inclusion l'un en l'autre les dotent d'une parenté étymologique, fictive ou non. Faire rimer « nie » avec « agonie », dans le cadre d'une strophe évoquant le vain combat du Cygne contre « l'espace » gelé qui l'emprisonne, revient à faire ressortir non seulement le vrai sens étymologique d'*agonie* (du grec *agon* : combat, ici entre deux forces dont chacune « nie » l'autre), mais aussi, confirmant l'inutilité des ultimes efforts de l'oiseau, la présence anticipée de la mort (« nie ») dans le mot « agonie » qui l'annonce. De même, la rime « assigne-Cygne » inscrit à l'initiale du mot « assigne », à l'aide d'une sorte de a privatif, la disparition finale du Cygne (*a-cygne), sinon même, en accord avec la grammaire de l'article (indéfini puis défini) et de la lettre (minuscule puis majuscule), la transfiguration de « Un cygne » (nié par *a-cygne) en « le Cygne »[2].

À user des ressorts cachés de la langue ou à lui prêter des ressources fictives, la rime mallarméenne tend ainsi, plus généralement, à élaborer un autre langage

---

1. L'étude la plus complète de la rime mallarméenne a été conduite sous notre direction par Rossano Rosi, *Système de la rime et effet de sens. L'exemple de Mallarmé*, Liège, ULg, 1984.

2. Phénomène semblable dans la rime « nénie-dénie » (p. 72), où l'élément commun, « énie », semble faire de ces deux mots — « nénie » : chant funèbre, « dénie » : négation — la double émanation d'une même racine à valeur négative : *nie.

ou plutôt une représentation symbolique des forces au travail dans la langue. « Langage » est d'ailleurs plus d'une fois présent à la rime — de façon directe, comme puissance à l'œuvre (« Avec comme pour langage-Le futur vers se dégage », p. 47), ou indirecte, comme en puissance : ainsi dans la rime « m'engage-tangage » de *Salut* (p. 3)[1]. Mallarmé, on le sait, fit grand usage du Littré, trésor de la langue et de son histoire. De cette langue, ses *Poésies* sont peut-être bien la fiction.

1. Leiris l'a bien vu, dont un livre s'intitule *Langage Tangage* (Gallimard, 1985).

Rien ne montre mieux le pouvoir structurant de la rime que l'épreuve oulipienne à laquelle Queneau a soumis le sonnet du Cygne et le sonnet en -yx[2]. Réduits à leurs sections rimantes, non seulement ces poèmes ne deviennent pas d'insignifiants bouts-rimés, mais leur signification demeure intacte — avec une « valeur exégétique » ajoutée, remarquait-il, et surtout, dirions-nous, avec une forte mise en évidence de ses opérateurs fondamentaux. L'appareil des rimes s'y donne comme un métatexte marginal, à la fois commentaire et forme inductrice du texte. En témoignent encore, dans les esquisses des *Noces d'Hérodiade* (p. 82-86), les lignes vides au bout desquelles la rime, déjà posée, laisse entrevoir le fantôme du vers laissé en suspens. Le poète n'est pas seul ici à être surpris en plein travail : la rime l'est aussi, morsure entamant à rebours la « commune mesure » rhétorique des vers à forger.

2. Voir Dossier, p. 234-235.

• La rime mallarméenne reste un usage particulier d'une propriété du vers strict et si le poète ruse avec les coupes de l'alexandrin, encore doit-il couper et tenir la mesure. Il en va autrement des éléments qui ne procèdent que de son propre système poétique. Ainsi de la fréquence si frappante chez lui des adverbes en -ment, le plus souvent au début du vers : « Originellement la seule continue » (p. 40), « Triomphalement ne sais-tu » (p. 44), « Ordinairement se para » (p. 45), « Indomptablement a dû » (p. 55), « Victorieusement fui le suicide beau » (p. 58), « Abominablement quelque idole Anubis » (p. 61), etc.

Ces adverbes ayant la réputation d'être lourds, on évite ordinairement d'en abuser, et sans doute sont-ils si nombreux chez Mallarmé pour ce qu'ils confèrent de poids spécifique et de gravité incantatoire aux vers qui les charrient. Mais c'est d'un trait d'écriture qu'il s'agit avec eux, non d'un effet de style : importe davantage le processus auquel ils participent. L'adverbe en -ment — dont un vers de la *Prose* semble mimer le mode de formation : « Quand son jeu monotone ment », rimant avec « étonnement » (p. 45) — propose au poète l'une des rares formes expansives dont dispose la langue française. C'est son expansivité et sa longueur, plutôt que sa lourdeur, qui en font un trait typiquement mallarméen. Par la rime, procédé constitutif du vers, celui-ci dévorait ses propres mots d'arrière en avant. L'adverbe, lui, est un mot qui dévore le vers d'avant en arrière et qui satisfait, bien près d'y arriver en certains cas, l'idéal d'une coïncidence en un « mot total » du mot et du vers.

Le procédé est maximalisé dans les *Noces* : « Triomphalement et péremptoirement si », « Opiniâtrement pour se parfaire absorbe » (p. 82, v. 14 et 28) ; « Qui légitimement ne s'est point comme il sied », « Silencieusement mais demeure figé » (p. 85, v. 1 et 5) ; « Ô désespérément sous l'aile échevelée » (p. 85, v. 1).

• C'est dans le même sens qu'il faut comprendre la tendance du poème mallarméen au vers formulaire ou à caractère définitoire, Thibaudet ayant bien vu que les *Poésies* sont « un rare musée de vers isolés, que l'on caractériserait en puisant des métaphores dans l'art lapidaire[1] ». Le plus connu et le plus cité, épitaphe à graver sur tous les *Tombeaux* : « Tel qu'en Lui-même enfin l'éternité le change ! » (p. 60). À peine moins identifié au discours mallarméen : « La chair est triste, hélas ! et j'ai lu tous les livres » (p. 22). Et l'on pourrait encore épingler à divers degrés d'autonomie possible : « *Je suis hanté. L'Azur ! L'Azur ! L'Azur ! L'Azur !* (p. 21) ; « Je t'apporte l'enfant d'une nuit d'Idumée ! » (p. 26) ; « Ô de notre bonheur, toi, le fatal emblème ! » (p. 42) ; « Aboli bibelot d'inanité sonore » (p. 59) ; « Verlaine ? Il est caché parmi l'herbe, Verlaine » (p. 62) ou encore, en finale du même *Tombeau*, « Un peu profond ruisseau calomnié la mort » où, par un renversement aidant au bouclage du vers, la définition précède le terme à définir (« la mort »).

Ces vers où se condensent les textes dont ils se détachent ont ceci de commun d'être très médaillés. Tous se bouclent sur eux-mêmes dans la constriction d'une tournure souvent oratoire (marquée plus d'une

1. Albert Thibaudet, *La Poésie de Stéphane Mallarmé*, Gallimard, 1926, p. 239-240.

fois par le point d'exclamation), parfois d'une logique circulaire ou paradoxale (« Tel qu'en lui-même [...] le change ! »), d'une spécularisation du rapport son/sens (« Aboli bibelot d'inanité sonore »), d'une répétition à caractère conversationnel (« Verlaine ? Il est parmi l'herbe, Verlaine ») ou bien encore d'une syntaxe compacte (ainsi du vers « Victorieusement fui le suicide beau », p. 58, isolé de la suite par la proposition participiale[1]).

Le vers : une typographie

Ce n'est pas par hasard que le poète assimile la greffe de quelques textes nouveaux sur le corpus du recueil de 1887 à une « intercalation de peu de pièces jetées [...] en cul-de-lampes[2] sur les marges » (p. 73). La soudure rhétorique des rimes, l'adverbialisation du vers, sa condensation en formules douées d'une relative autonomie, tout cela conduit à doter la versification d'une existence non pas seulement rythmique, mais typographique.

Tout poète régulier tient de l'ouvrier typographe : il agence des signes, compose avec eux des lignes qu'il mesure et qu'il superpose en les justifiant tant à gauche (par la majuscule, « clé allitérative » selon Mallarmé) qu'à droite (par la rime). Peu toutefois en tirent parti, ce qu'attestent les *carminata figurata* médiévales et autres calligrammes, où l'expressivité de la typographie ne se libère qu'à sortir du canevas de la prosodie ordinaire. Mallarmé, lui, use du vers, de la strophe et de la forme fixe du sonnet comme

1. Même forme, proche de l'ablatif absolu latin, aux premiers vers du sonnet en -yx (p. 59) et du dernier sonnet : « Mes bouquins refermés sur le nom de Paphos » (p. 72).

2. Le cul-de-lampe désigne en imprimerie une vignette de forme triangulaire gravée à la fin d'un chapitre.

d'objets typographiques à part entière. Entendons qu'il ne s'agit pas de soumettre l'appareil graphique des poésies à une intention mimétique, mais d'en faire un matériau rhétorique ou plus généralement l'instance d'une représentation abstraite de la fonction poétique.

• Détacher un vers répond à la première option : vers de conclusion du *Guignon* (p. 6) et d'*Aumône* (p. 25), l'un exprimant la solitude ridicule du Nerval suicidé, l'autre renforçant l'injonction adressée au « Mendiant » qui s'éloigne ; ou vers d'introduction du *Toast funèbre* (p. 42), auquel son isolement confère la dimension phatique et inchoative qu'affecte toute parole prononcée au moment de porter un toast. Faits ponctuels : l'exploitation intensive d'une rhétorique de l'inscription s'amorce dans le *Faune*. Détachement là aussi du vers final ; vers suspendus, coupés par des blancs, disposés par grappes ou en cascade, s'adaptant aux perplexités du satyre ; translittération archaïsante du « U » en « V » dans l'appareil du titre ; jeu de guillemets, de parenthèses et d'italiques[1], divisant le monologue en deux discours l'un dans l'autre intriqué ; impression en petites capitales, à place stratégique, de deux mots isolés (« CONTEZ », v. 25, et « SOUVENIRS », v. 62) : le poète y procède à une théâtralisation typographique du texte que la « conflagration » du *Coup de dés* élargira à la totalité du discours (*C.D.D.*, p. 414).

• Si la suite du recueil paraît mettre l'expérience en veilleuse, c'est moins le fait d'une normalisation du texte que d'une routine

---

1. Rappelons aussi les italiques de *Salut*, installé en position de dédicace.

propre à sa lecture, qui oblitère la forme toujours déjà typographique de son inscription sur la page. Mallarmé ne cesse d'insister sur cette évidence oubliée : tout texte s'écrit noir sur blanc — et d'en tirer cette loi du texte poétique : ce sera celui qui non seulement fera librement sens de cette commune servitude, mais dont toutes les opérations répondront à une sorte de typographie généralisée. De là que l'écriture, toujours conçue comme travail d'une matière, soit toujours aussi par lui disséminée sur une chaîne métaphorique allant du signe alphabétique, élément premier d'une combinatoire infinie, au livre « expansion totale de la lettre ». L'alphabet : une machine à mots, dont « l'emploi [...] approch[e] d'un rite la composition typographique » ; le vers : une ligne justifiée à d'autres ; le poème : un bloc noir sur fond blanc ; la page : une « feuille imprimée grande » vouée à la quasi religion du « pliage » et à la reliure du volume, « tassement, en épaisseur, offrant le minuscule tombeau [...] de l'âme ».

Sans doute ces figures empruntées aux techniques du livre étaient-elles vouées à alimenter la grande technologie du Livre : la plupart apparaissent d'ailleurs à ce titre dans le même article programmatique (« Le Livre, instrument spirituel », *Div.*, p. 266-272). Reste qu'elles se répandent dans toute l'œuvre et que le poète puise au même registre lorsqu'il s'agit de représenter la signification comme une invisible forme en mouvement, « air ou chant sous le texte [...] y appliqu[ant] son motif en fleuron et cul-de-lampe invisibles » (*Div.*, p. 280).

Tenons-nous-en, pour faire vite, au bloc du poème, visible forme solide, lourde matérialité sensible. C'est d'abord à ses contours, détachés par l'espace vide qui l'encadre, que ce bloc fait sens. Le « grand espace blanc laissé à dessein au haut de la page » invite le lecteur à « séparer » le texte qui s'offre à lui « de tout le déjà lu ailleurs[1] », autant pour en accueillir la nouveauté que pour se représenter « l'isolement [c'est-à-dire l'autonomie] de la parole » que ce texte abrite, et donc l'indispensable application à celui-ci d'un « regard adéquat ». Par sa forme ensuite, ce « calme bloc » (p. 60) fait « dalle » — à caractère très emblématique dans les *Tombeaux*, où les alexandrins semblent autant de lignes d'une même épitaphe — et symbolise la dimension toujours plus ou moins funéraire du texte mallarméen (de la même façon que le livre est « tombeau [...] de l'âme »).

1. Propos rapportés par Maurice Guillemot et cités par Henri Mondor, *Vie de Mallarmé*, II, Gallimard, 1941, p. 507.

Typographie et thanatographie ont constamment partie liée chez Mallarmé, suivant une pente qui ne lui est pas seulement personnelle, mais qu'il fait valoir en tout acte d'écriture : écrire c'est toujours embaumer ce dont on écrit et, à la différence de la parole non enregistrée, toujours inscrire l'échéance de sa propre mort, dans la probabilité d'une survivance du texte à son propre énonciateur.

C'est par sa densité enfin, son propre resserrement sur la page (appuyé de l'intérieur par l'effacement de la ponctuation dans les derniers sonnets[2]) que le poème-bloc signifie : densité en effet, extrême condensation du discours, cohérence, fusion organique des éléments de tous niveaux qui le composent et plus généralement, à suivre Mallarmé — disant aussi « vise[r] à cela », « l'a[voir] un

2. La ponctuation s'efface à partir de *M'introduire dans ton histoire* adressé en 1886 à Gustave Kahn : « vous remarquez l'absence de toute ponctuation, c'est à dessein » (*C.L.*, p. 590).

peu créé » —, le fait que tout poème est « un raccourci prodigieux pour arriver à mettre en trois pages ou quatre ce qui demande un volume à d'autres » (*Corr.*, VIII, p. 95). L'insistance avec laquelle il réclamait une poésie par page et « un *caractère assez serré, qui s'adaptât à la condensation des vers* » (*C.L.*, p. 293-294) n'avait pas d'autre enjeu. D'où l'adoption presque exclusive de la forme fixe du sonnet après 1875 : non seulement parce que cette forme implique une grande discipline de l'expression, mais surtout parce que ce « grand poème en petit » (*C.L.*, p. 56)[1] matérialise à même la page la contraction formelle qui singularise, après l'apogée de longueur du *Faune*, l'écriture du dernier Mallarmé.

1. Le système des rimes du sonnet à la française présente en outre tous les couplages possibles : abba/abba/ccd/ede (Bernard Dupriez, *Gradus*, UGE, 10/18, 1980, p. 420).

2. LE SENS DES FORMES

Refus de l'aléatoire, devenir-mot du vers, ritualisation esthétique de la typographie, effet-bloc du poème : Mallarmé doit être classé parmi les tenants d'une poétique « holistique ». Rien du mot, de la ponctuation, du vers, du sonnet, ni même du livre ne devra idéalement tomber hors d'une totalité centripète, où les lacunes du discours, ses manques, ses blancs même interviendront, comme dans le jeu du « pouce-pouce » cher à Perec, afin de donner place et prise au mouvement de l'ensemble[2]. Reste, pour compléter le dispositif, à intégrer une autre dimension du texte : le système de ses figures et de

2. Le « pouce-pouce » ou « taquin » est ce jeu consistant à déplacer dans un cadre des cubes portant des lettres ou des chiffres ou des traits, de manière à composer une figure cohérente. Ce jeu exige une case vide.

ses tropes, formes significatives et impulsions données au « jeu » verbal.

MALLARMÉ, « SYNTAXIER »

S'il a peu innové en matière de technique du vers, Mallarmé a en revanche fortement « touché » à cette syntaxe que Hugo avait mise à l'abri des assauts furieux qu'il portait à la rhétorique[1]. La difficulté de ses textes n'y est pas étrangère : la phrase en paraît souvent désarticulée, ici saccadée, là spiralaire, l'affaiblissement de la ponctuation dans les derniers sonnets ou à l'inverse la surponctuation des proses ne contribuant pas peu, d'ailleurs, à l'impression générale d'une syntaxe frappée d'entropie[2]. Il est d'autant plus saisissant que dans sa réplique à Proust il institue la « Syntaxe » en axe de l'intelligibilité :

« Quel pivot, j'entends, dans ces contrastes, à l'intelligibilité ? il faut une garantie —

La Syntaxe — » (*Div.*, p. 278).

Cela n'a rien d'une boutade ni d'un aveuglement du poète sur sa propre pratique, sauf à croire qu'il se réclamait ainsi d'une stricte observance de la grammaire[3]. À se revendiquer de la Syntaxe ou à se présenter comme un « syntaxier », Mallarmé entend faire valoir qu'elle est pour lui, dans la linéarité du discours, ce que sont le vers et la rime à la verticale du poème : l'opérateur d'une « appropriation de la structure, limpide, aux primitives foudres de la logique » (*ibid.*),

1. « Guerre à la rhétorique et paix à la syntaxe ! », *Réponse à un acte d'accusation*, in *Les Contemplations*, I, 7, *Œuvres poétiques*, II, Gallimard, Bibliothèque de la Pléiade, 1967, p. 497.

2. Le bien-nommé Paul Bourde soutenait que la phrase mallarméenne est faite de « mots tirés au hasard d'un chapeau » (cité par J. Scherer, *Grammaire de Mallarmé*, Nizet, 1977, p. 13).

3. Émilie Noulet, par exemple, tenait que « jamais Mallarmé n'a contrevenu aux règles exactes de la langue » : autant dire que son œuvre est sans figures (*L'Œuvre poétique de Stéphane Mallarmé* (1941), Bruxelles, Jacques Antoine, 1974, p. 321).

c'est-à-dire d'une étroite adéquation l'une à l'autre de la forme et du sens, avec les effets rémunérateurs qu'on a vus. Autre moyen d'une « commune mesure », la Syntaxe[1] est cette force en mouvement qui combine, qui relie, qui disjoint aussi, accomplissant à sa façon le seul « acte disponible » au poète moderne, celui de « saisir les *rapports* [nous soulignons] entre temps, rares ou multipliés » (*O.C.*, p. 647).

1. Étymologiquement : arrangement ensemble.

On a rapporté à ce sujet un propos significatif du poète, touchant à sa méthode de composition : « Il y a à Versailles des boiseries à rinceaux, jolis à faire pleurer ; des coquilles, des enroulements, des courbes, des reprises de motifs. Telle m'apparaît d'abord la phrase que je jette sur le papier, en un dessin sommaire, que je revois ensuite, que j'épure, que je réduis, que je synthétise. [...] Si l'on arrive [au texte] avec une âme vierge, neuve, on s'aperçoit alors que je suis profondément et scrupuleusement syntaxier, que mon écriture est dépourvue d'obscurité, que ma phrase est ce qu'elle doit être et être pour toujours[2]. »

2. M. Guillemot, cité par H. Mondor, *op. cit.*, p. 506-507.

Établir un catalogue des figures syntaxiques présentées par les *Poésies* serait aussi fastidieux que vain : innombrables, elles sont peu séparables du tissu rhétorique où elles agissent. On s'en tiendra à une typologie générale, en notant que la phrase mallarméenne, alternativement saisie par le démon de l'hypertrophie et le « démon de l'ellipse[3] », procède tantôt d'une syntaxe de l'excès, tantôt d'une syntaxe du manque.

3. L'expression est de Robert de Montesquiou, cité par Paul Bénichou, *L'Écrivain et ses travaux*, Corti, 1967, p. 69.

Le poème : une phrase totale

Comme le vers tend au mot, le poème d'un côté tendra à la phrase : longue, sinueuse et moins bouclée sur elle-même qu'enroulée en spirale autour d'un verbe principal parfois absent ou d'un syntagme-pivot. Le poète observait déjà, écrivant *Hérodiade*, qu'il « en étai[t] à une phrase de vingt-deux vers, tournant sur un seul verbe, et encore très effacé la seule fois qu'il se présente[1] » (*C.L.*, p. 295) ; mais c'est avec *Sainte* (on l'a vu) que le poème et la phrase se fondent en une seule structure en mouvement.

Plusieurs sonnets se couleront dans le même moule : *Remémorations d'amis belges* (p. 50), le *Billet* à Whistler (sans verbe principal, p. 53), *Au seul souci de voyager* (à syntaxe circulaire[2], accordée au périple infini du « pâle Vasco », au « seul souci de voyager » duquel le « salut » s'adresse, p. 65), *À la nue accablante tu* (basé sur la question « Quel sépulcral naufrage », p. 71). Ainsi de même, hors recueil, du sonnet *Parce que de la viande était à point rôtie* (antérieur à *Sainte*, mais rusant avec la phrase à l'aide d'une commode anaphore de la locution conjonctive, *A.P.*, p. 156) ou encore, plus nettement, de *Dame/sans trop d'ardeur*, longue supplique amoureuse disant « oui » à celle qui souvent dit non, et articulée sur « Ne te semble-t-il pas » (p. 160). Cas limite, frayant de leurs quatorze vers la voie au bout de laquelle se déploiera l'immense période du *Coup de dés*, enroulée en thyrse autour d'un seul axe (le titre découpé dans le texte en plusieurs tron-

---

1. Il s'agit des v. 38-57 de l'« Ouverture ancienne », *tournant* sur « S'élève » (p. 78).

2. « Au seul souci » - « jusqu'au/Sourire du pâle Vasco » (la paronomase souci/sourire aide à la circularité de la phrase).

çons) et tirant sa propre énergie, peut-être en en faisant récit, de ce qui semble avoir retenu la fascination du *syntaxier*, comme elle retiendra celle d'un Joyce[1] : le pouvoir d'expansion infinie de la phrase.

C'est ce même pouvoir et ce même devenir-phrase du poème que mettait déjà en scène, sur un mode mineur, le *Placet futile* (p. 8), qui peut se lire de part en part comme construction balbutiante du vers-phrase final : « Princesse » (v. 1), « Nommez-nous.. » (v. 9), « Nommez-nous.. » (v. 12) : « Princesse, nommez-nous berger de vos sourires » (v. 14).

Qu'elles se tiennent ou non en deçà du poème-phrase, la plupart des poésies de la maturité multiplieront les subordonnées et les incidentes, parfois introduites par un tiret (ainsi p. 59, 62 et 65) ou mises entre parenthèses, en guise d'autocorrection du discours et d'intervention de l'énonciateur — « (je dirais mourir un diadème) », p. 40 ; « (Nous fûmes deux, je le maintiens) », p. 44 — ou d'interpellation d'un énonciataire — « (tu/Le sais, écume, mais y baves) », p.71 —, quand il ne s'agit pas de figurer la mise hors poème de celui qui l'énonce : le « salon » du sonnet en -yx (p. 59) sera « vide » « (Car le Maître est allé puiser des pleurs au Styx/Avec ce seul objet dont le Néant s'honore) ». Il n'est pas impossible que cette hypertrophie de la phrase revienne, en un geste dont les implications idéologiques mériteraient d'être examinées, à déprincipaliser la principale, en déjouant sa force de rection du discours[2]. Comme les « blancs », ce sont ici les surbordonnées qui « assument l'importance » (*C.D.D.*, p. 405).

---

1. Voir le monologue de Molly Bloom à la fin d'*Ulysse* et la phrase cyclique de *Finnegans Wake*, la fin du texte (along the) s'y prolongeant à son début (riverrun). *Un coup de dés* s'achève de même, comme il commence, par « [toute pensée émet] *un coup de dés* » (*C.D.D.*, p. 429 ; je souligne).

2. Voir Denis Roche : « Toute révolution ne peut être que grammaticale ou syntaxique » (*Théorie d'ensemble*, Seuil, 1980, p. 212).

La syntaxe : un principe de mobilité

C'est un autre trait de la phrase mallarméenne qu'elle enveloppe nombre de segments peu structurés, à syntaxe elliptique ou rudimentaire. Des mots s'y groupent sans autre lien apparent que leur juxtaposition en un même vers ou dans un ordre et avec des marques qui déjouent les lois de la grammaire[1], tout semblant par moments se passer comme si, prise de ratés, la motricité du discours avançait par à-coups.

L'asyndète — « Solitude, récif, étoile » (p. 3), « Spirituelle, ivre, immobile » (p. 53) — est la forme la plus radicale et pourtant la moins puissante de tels agencements. Elle supprime certes toute conjonction mais reste une figure codée par la syntaxe (comme d'autres sont lexicalisées) : c'est plutôt l'indécision où s'évapore le sens des éléments agrégés par elle qui contribuera au hoquet du discours, en même temps qu'à sa polysémie (car entre *solitude-récif-étoile* comme entre *spirituelle-ivre-immobile*, les rapports de sens, orientés par la structure générale des textes où ces agrégats apparaissent, pourront se multiplier à la lecture)[2]. La parataxe est plus sensible lorsqu'un vers semble jeter les mots en vrac ou les articuler faiblement (« Tison de gloire, sang par écume, or, tempête ! », p. 58), et plus encore lorsqu'il juxtapose plusieurs mots de liaison. Le premier octosyllabe de l'*Éventail* de Madame Mallarmé — « Avec comme pour langage » (p. 47) — repose ainsi sur un véritable paradoxe syntaxique puisque l'addition des

---

1. Chansons *bas*, par exemple, transforme l'adverbe en adjectif. « Bas », pour l'inscription au « bas » de gravures d'une sorte de légende poétique (voir notice p. 231), pour un ton (mineur) et pour les sujets traités (les petits métiers de la rue).

2. À ce titre, une séquence telle que « Nuit, désespoir et pierrerie », quoique close (là où l'effet rhétorique de l'asyndète est de laisser l'énumération en suspens), n'est pas moins mobile (p. 65).

mots-liens a pour effet premier de désarticuler l'énoncé et d'en égarer le sens[1].

Rares sont les poèmes qui ne présentent pas des formations elliptiques ou contorsionnées. Propositions nominales souvent associées à une tournure infinitive : « *Rien, cette écume, vierge vers/À ne désigner que la coupe* » (p. 3), « À prompte irradier ainsi qu'aile l'esprit » (p. 50). Phrases dont les syntagmes semblent avoir commuté leurs places : « Ô de notre bonheur, toi, le fatal emblème » (p. 42), « Du sol et de la nue hostiles, ô grief !/Si notre idée avec ne sculpte un bas-relief » (p. 60), « Un peu profond ruisseau calomnié la mort » (p. 62). Ou structures agencées de telle façon que certains éléments y remplissent des fonctions syntaxiques ambiguës : du type « Si clair,/Leur incarnat léger, qu'il voltige dans l'air/Assoupi de sommeils touffus » (p. 35), où « Si clair » à la fois qualifie « incarnat » (dans cette construction, la proposition au subjonctif qui suit prend une valeur impérative : la phrase est alors complète) et introduit « qu'il voltige » sous l'espèce d'une consécutive (et du coup la phrase devient incomplète par ellipse du « est »).

[1]. À quoi contribue également la valeur d'approximation du comme placé entre les deux prépositions avec et pour.

LE TOMBEAU DE CHARLES BAUDELAIRE

La phrase interrogative qui compose les tercets du *Tombeau de Charles Baudelaire* cumule tous ces cas de figure (p. 61). Reconstruit (c'est-à-dire poétiquement détruit), cela donne : *Dans les cités sans soir* [dans la ville éclairée au gaz], *quel feuillage séché, votif* [quelle couronne mortuaire faite de fleurs séchées] *pourra bénir — comme elle* [c'est-à-dire aussi bien que la prostituée déambulant dans l'éclairage des réverbères, lorsque celle-ci vient] *se rasseoir* [s'arrêter un instant] *vainement contre le marbre* [le tombeau] *de Baudelaire*, [frileusement enroulée], *absente* [en esprit, dans le] *voile qui la ceint —*, [l']*Ombre* [qui est] *celle* [du poète], *même* [si cette Ombre est] *un poison tutélaire* [qu'il faut toujours] *respirer* [même] *si nous en périssons* [par allusion aux parfums délétères des *Fleurs du mal*] [?]

Tout, fors le sens, est perdu, non seulement de la poésie, mais de la signification. L'idée demeure : la putain urbaine est la seule à pouvoir rendre à celui qui a tant chanté et la prostitution et la ville moderne l'hommage qui lui est dû, excepté les poètes, pour autant qu'ils persistent à se placer sous le tutorat de Baudelaire et à suivre l'exemple sublime et périlleux des *Fleurs du mal*. Mais la mobilité syntaxique du discours est radicalement arrêtée et avec elle une grande part de sa polysémie. Au texte mallarméen, l'« Ombre » est « celle » aussi bien du poète défunt que de la prostituée allant et venant sur les trottoirs à réverbères ; la putain, les plaisirs qu'elle vend, la séduction coupable qu'elle exerce, les virus éventuels qu'elle transmet sont un « poison » aussi protecteur (« tutélaire ») et démoniaque que *Les Fleurs du mal ;* la nuit éclairée des villes modernes est aussi votive que l'improbable « feuillage » à déposer sur la tombe de Baudelaire...

L'aplatissement exégétique du *Tombeau de Charles Baudelaire* n'a d'intérêt qu'à illustrer par l'absurde les enjeux auxquels répond, jusque dans ses constructions déstructurées, ce que Jarry appelait « la précise syntaxe de Mallarmé[1] ». D'une part, cette syntaxe permet de dire dans la linéarité contrainte du discours des événements simultanés ou des effets réversibles : avec d'autres faits rhétoriques, elle contribue à une vision instantanéiste, sinon même à une représentation

1. Alfred Jarry, « Questions de théâtre », in *Œuvres complètes*, I, Bibliothèque de la Pléiade, 1972, p. 417.

impressionniste du monde[1]. D'autre part, elle incite le lecteur à penser, à éprouver la signification sous l'aspect d'une forme insaisissable et à multiplier en tous sens, y compris à rebours « de leur suite ordinaire », les relations entre les vocables coprésents dans l'espace du poème. Construction dense et mobile, elle affecte enfin à celui-ci certains des traits d'ambiguïté, de redondance et de « bruit » propres au discours oral.

> 1. Un vers de style artiste tel que « Tison de gloire, sang par écume, or, tempête ! » semble emprunter aux peintres la juxtaposition de traits ou de touches de couleur : tison-sang-écume-or.

Rythme irrégulier, ellipses, reprises, interpellations, coq-à-l'âne, concaténations, anacoluthes, interventions de « oui » et de « non » — ce n'est pas son moindre paradoxe en effet : le texte mallarméen, qui, dans notre culture et par tant d'aspects consubstantiels aux enjeux formels qu'il poursuit, représente le comble de la scripturalité, calque en grande partie la syntaxe de son discours sur celle de la conversation ou, mieux encore, du monologue improvisé[2]. Le tour oratoire qu'y prend souvent la phrase est l'indice d'une oralité plus fondamentale. Mallarmé y insistait : « Le Vers et tout écrit au fond par cela qu'issu de la parole doit se montrer à même de subir l'épreuve orale ou d'affronter la diction comme un mode de présentation extérieur » (*O.C.*, p. 855). Tous les témoignages des mardistes confirment que les monologues mallarméens n'étaient pas seulement délicieux, mais d'une parfaite clarté lors même qu'ils adoptaient le phrasé sinueux et les abrupts rapprochements dont ses écrits foisonnent.

> 2. Le monologue du *Faune* en administre d'une certaine façon la preuve.

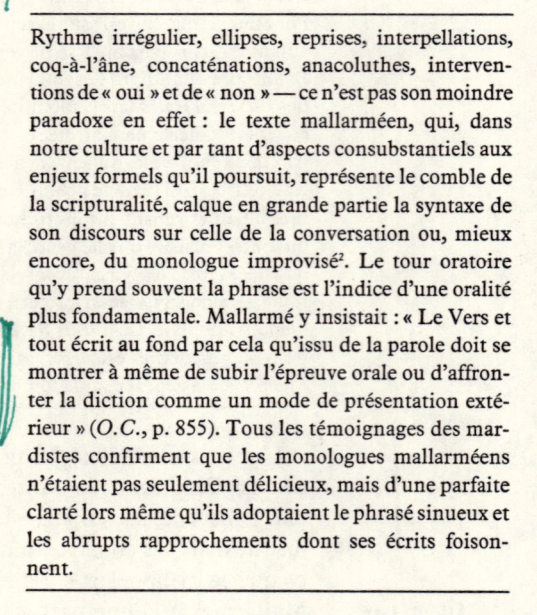

Ajoutons encore ceci d'essentiel : lorsque Mallarmé tient que les « abrupts, hauts jeux d'aile, se mireront, aussi » (*Div.*, p. 278), c'est autant la structure de la phrase qu'il désigne, comme miroir du sens, que son pouvoir spécifique de signifiance. Une figure n'est purement syntaxique que dans les manuels de rhétorique : plus le texte qui la met à l'œuvre sera organisé (et peu le sont autant que les *Poésies*), plus mobiles seront ses effets et diverses ses propriétés expressives. Soit, par exemple :

• la mobilité structurale du distique du *Petit air I* (« Dans l'onde toi devenue/Ta jubilation nue », p. 54), favorisant, dans l'esprit général du poème, la contagion métonymique des éléments juxtaposés (« onde toi devenue » : l'eau où tu as plongé est devenue toi ; « toi devenue/Ta jubilation nue » : tu es tout entière la jubilation que tu éprouves ; « l'onde toi devenue/Ta jubilation nue » : l'onde avec toi confondue est aussi la jubilation qu'elle te procure, etc.)[1] ;

• la disposition aux deux extrémités de l'avant-dernier vers du *Petit air II*, questionnant l'indiscernable sort de l'oiseau « éclaté », de deux prédicats contradictoires séparés par une tournure verbale interrogative (« Déchiré va-t-il entier », p. 55) ;

• la permutation du nom et du pronom dans le second tercet du sonnet du Cygne (« Il s'immobilise au songe froid de mépris/Que vêt [...] le Cygne », p. 57), déplaçant le nom à l'extrême fin du texte et distinguant ce que l'oiseau était (un « il » parmi d'autres) de ce qu'il devient dans l'apothéose de sa mort (« *le* Cygne ») ;

• la construction asymétrique du premier quatrain du *Tombeau* de Verlaine, accélérant la lecture en accord avec le mouvement perpétuel évoqué, par suppression du second

[1]. Sur ce texte, voir encore ci-dessous, p. 175-176.

terme d'une tournure alternative introduite par « ni »(« Le noir roc courroucé que la bise le roule/Ne s'arrêtera ni sous de pieuses mains », p. 62)[1].

AUTRE ÉVENTAIL

Autre éventail repose sur une construction syntaxique adéquate à l'objet évoqué, au sujet duquel et sur lequel il s'écrit, puisque le poème, dans une tradition galante héritée du XVIIIe siècle, a été calligraphié à même l'*Éventail* de Mademoiselle Mallarmé (p. 48). Cas unique dans les *Poésies*, chacune des strophes forme une phrase complète s'achevant par un point, comme s'il s'agissait de figurer la structure matérielle de l'éventail (donnant à voir, déployé, autant de segments d'étoffe séparés par une nervure de bois). Chaque strophe-phrase, en outre, se plie (comme l'éventail) et se développe en deux temps (comme son mouvement), par une division deux à deux du quatrain : invocation puis ordre (strophe 1) ; proposition principale puis relative (strophes 2 et 3), proposition principale puis infinitive (strophe 4), comparant puis comparé (strophe 5, articulée sur « ce l'est »). Et chacune présente une tournure à caractère contradictoire, appropriée au battement dialectique, au va-et-vient de l'éventail, et dont la première — « pour que je plonge [...] Sache [...] garder mon aile » — donne la clé des suivantes : « coup prisonnier », « fou de naître pour personne[2]/Ne peut jaillir ni s'apaiser », « unanime pli », « blanc vol fermé ». On notera enfin que le dernier quatrain, correspondant à l'arrêt (momentané) du mouvement de l'éventail et à son repli en « blanc vol fermé » contre le poignet de la « rêveuse », est construit dans un ordre syntaxique qui permute les termes de la comparaison, donnant le comparé (« Ce blanc vol fermé que tu poses/Contre le feu d'un bracelet ») après le comparant (« Le sceptre des rivages roses/Stagnants sur les soirs d'or »). Ainsi s'apaise le mouvement qui a été imprimé à l'objet dans la pre-

---

1. Cette accélération vient du fait que la lecture se précipitera en vain vers un second « ni ». Une semblable asymétrie affecterait le premier tercet, avec l'apparition d'un « tantôt » non suivi d'un autre, si cet adverbe n'avait aussi le sens archaïque de « il y a peu de temps ».

2. L'incorrection grammaticale (ou le tour familier) de « naître pour personne » donne à entendre, aussi bien (et plus correctement), « n'être pour personne ». Entre « naître » et « n'être », l'oxymore est implicite et verticale.

mière strophe. Et ainsi se boucle, en fin ouverte, un poème-objet ayant « cédé » à l'objet lui-même, à sa forme et à sa dynamique propre, l'initiative de la parole.

CONFLIT, MOUVEMENTS

Dans l'orchestration des *Poésies*, l'impact figural de la phrase brise le cadre de la syntaxe. *Autre éventail* ou *Petit air I* ont ainsi introduit aux deux catégories de figures organisant le système rhétorique mallarméen, figures de la contradiction pour l'un, tropes de la contiguïté pour l'autre.

Il ne s'agit pas de caractériser par là un tempérament stylistique à l'aide des moyens dont il use, mais de spécifier un régime d'écriture, c'est-à-dire, au sens de Barthes[1], un engagement dans une histoire où le conflit des écoles et des époques littéraires s'exprime notamment par les modèles formels tour à tour privilégiés. La rareté du « comme » dans les *Poésies* de la maturité rejoint la défiance du poète à l'égard des mots clichés hérités du passé (tel le mot « cœur ») : elle traduit plus largement un refus du primat de l'Analogie que les romantiques avaient imposé en forme définitoire du texte poétique, effusion subjective passant par une vision fusionnelle du monde. Ceci ne veut pas dire qu'il n'y a pas de métaphores dans les derniers sonnets : c'est dire plutôt que la métaphore n'y est plus un trope dominant et qu'elle cède la conduite du discours à d'autres, par lesquels l'opération

---

1. Voir *Le Degré zéro de l'écriture*, in *Œuvres complètes*, I, Seuil, 1993.

poétique de réduction du monde à un langage s'effectue autrement et dans un autre esprit.

« L'Esprit de litige »

« Mallarmé, a dit assez justement Charles Cros, c'est un Baudelaire cassé dont les morceaux n'ont jamais pu se recoller[1]. » Comme Hugo équilibrait le monde par l'antithèse (le petit et le grand, le bas et le haut, le proche et le lointain, le mal et le bien : pôles disjoints, toujours déjà métaphorisables, d'une même unité), Baudelaire fit de l'oxymore le moyen d'une réconciliation des contraires là où Mallarmé usera de la contradiction comme d'une dialectisation de forces antagonistes. De là cette « extraordinaire logique négative » qui fascinera Sartre[2] : chaque chose gît en son opposée, existe par son manque, apparaît au moment de disparaître, s'abolit dès que nommée.

1. Cité par Ernest Raynaud, *La Mêlée symboliste*, II, La Renaissance du livre, 1920, p. 137.

2. Préface aux *Poésies* (dans leur ancienne édition Gallimard), recueillie dans *La Lucidité et sa face d'ombre*, Gallimard, 1986, p. 164.

3. Nous adaptons une procédure expérimentée par A. Badiou, dans le cours d'une analyse de la dialectique poétique de Mallarmé, sur *À la nue accablante tu* et le sonnet en -yx (in *Théorie du sujet*, Seuil, 1982, p. 92-101 et 116-127).

La paradoxale saturation du texte mallarméen en mots de négation et en termes à valeur négative n'a pas d'équivalent dans la littérature occidentale. Des pièces telles qu'*Une dentelle s'abolit* ou *À la nue accablante tu* (p. 68 et 71) tiennent, à cet égard, de la prouesse. La marche du poème y annule systématiquement tous les éléments qu'elle enchaîne, dont chacun niera celui qui le précède avant d'être nié à son tour par celui qui le suit. Soit l'exemple du troisième volet du Triptyque, lui-même replié et dont les quatrains sont comme niés en bloc, à l'ouverture des tercets, par la conjonction adversative « mais » (on marquera en italiques l'élément nié et entre crochets le facteur de négation)[3] :

Dentelle [s'abolit] —> *Jeu suprême* [doute] —> *ouvrir* [entr'ouvrir] —> *lit* [absence] —> *absence* [éternelle] —> *conflit* [unanime + blanc] —> *guirlande* [en conflit avec la même] —> *ensevelit* [flotte plus qu'il n'] // MAIS —> *dort* [tristement] —> *mandore* [dort] —> *néant* [creux] —> *ventre* [nul] —> *naître* [on aurait pu]. Notons, en bout de chaîne, que « naître » laisse aussi bien entendre « n'être », comme dans *Autre éventail*.

Qu'il y ait une forme de violence symbolique à l'œuvre dans cette « logique » et ces chaînes négatives, ce n'est pas douteux. Mallarmé, qui s'est très tôt pensé comme le Grand Négateur (« Je n'ai créé mon œuvre, disait-il en 1867, que par *élimination* [...]. La Destruction fut ma Béatrice », *C.L.*, p. 348-349), s'est aussi présenté dans ces années-là comme une sorte d'anarchiste s'apprêtant à lancer sur le marché littéraire, à défaut de bombes, des textes minés, qui saperaient de l'intérieur les illusions et les valeurs dominantes : « Tous ces gens-là[1] me paieront cela, car mes poëmes futurs seront pour eux des fioles empoisonnées, des gouttes terribles. Je les priverai du Paradis comme ils me privent du département de la Lozère » (*C.L.*, p. 362). Cette violence était socialement orientée (vers une bourgeoisie élargie à l'ensemble du monde social), parfois disproportionnée au regard de ce qui la mobilisait (le dépit du petit fonctionnaire sur la touche), fortement thématisée[2], conforme au total à l'habitus parnassien, quand bien même se retournait-elle en partie contre lui.

Restera après ces éclats l'énergie d'une révolte abstraite. Du parnassien terroriste va

---

1. Il s'agit, généralisés à toute la bourgeoisie du Second Empire, des fonctionnaires de l'administration de l'enseignement qui tardaient à lui accorder une mutation.

2. On l'a vu au chap. III.

naître un poète policé cachant un nihiliste et un sceptique radical. Les sujets mineurs et les scènes d'intérieur garderont quelque chose de la force d'opposition des grands clichés post-romantiques : on n'enferme pas l'univers du poétisable entre les murs d'un salon sans porter atteinte à la fois à l'univers qu'on réduit et à la poésie qu'on vidange thématiquement. Mais c'est surtout le travail de négation auquel ils donneront prise qui communiquera à ces sujets dérisoires leur pouvoir destructeur. Le lit absent, la chambre glacée, les miroirs vides, les bibelots abolis, la solitude quelconque, la pierre veuve, les rafales à propos de rien, valent parce qu'ils sont niés, et par ce qu'ils nient — l'enfermement petit-bourgeois, la quiétude confinée (« l'Angoisse » hante le « salon vide ») et au-delà, s'il demeure un au-delà, l'idée d'un monde plein, imbibé par une Présence, ordonné à la calme certitude d'un « Jeu suprême[1] ».

1. Qui sera frappé de « doute » et l'objet d'un « blasphème » (p. 68).

« Le Ciel est mort », clamait *L'Azur* (p. 21). Cette mort de Dieu, l'ensemble des *Poésies* post-parnassiennes l'inscrivent en remplaçant sa grande Illusion défunte par une sorte de négatif du monde ou du moins par la représentation d'un monde sans profondeur, où les choses, chacune niée et en niant d'autres, diront l'absence de tout arrière-monde[2]. Le drame métaphysique mallarméen, s'il y en a un derrière l'ironie qui le masque, est le drame de la métaphysique elle-même lorsqu'il n'y a plus rien à quoi référer au-delà des apparences (la Poésie, tournée vers elle-même, entretiendra la Fiction d'une telle référence).

2. Si Mallarmé instruit par Villiers a lu Hegel, c'est plutôt de Nietzsche, qu'il n'a sans doute pas lu, qu'il faut le rapprocher.

La violence a donc changé de lieu d'intervention. Des thèmes elle est passée dans l'écriture toute négative dont ils font l'objet — une syntaxe : *ni, ne, pas* ; un lexique : *abolir, nier, déchirer, s'arrêter, s'interrompre, solitude, blancheur, absence,* etc. ; et surtout une rhétorique du paradoxe, de l'antithèse et de l'oxymore, vecteurs quelquefois d'une médiation dialectique du Néant et de l'Être. Active dans *Sainte* (p. 41), le sonnet du Cygne (p. 57) ou *Le Tombeau d'Edgar Poe* (p. 60), cette médiation est inopérante dans le second *Petit air* (p. 55), *Une dentelle s'abolit* (p. 68) ou *À la nue accablante tu* (p. 71).

D'un côté, le jeu des oppositions, structurant des conflits locaux[1], confine à une métamorphose, c'est-à-dire à une synthèse. La *Sainte* devient ce qu'elle est : « musicienne du silence » (oxymore). « Un cygne » « sans espoir se délivre » (paradoxe), et il a beau « secou[er] cette blanche agonie/Par l'espace infligée à l'oiseau qui le nie » (lequel nie donc ce qui le nie), il n'en reparaîtra pas moins *in fine* sous l'aspect du « Cygne », grandeur immobilisée, transcendant l'oiseau et l'espace qui l'emprisonna (p. 57). Edgar Poe, jadis « ange » aux prises avec l'« hydre » de l'opinion publique (antithèse), est « tel qu'en lui-même [...] chang[é] » (paradoxe) et revient en « Poëte » se vengeant sur le « siècle » des iniquités subies (autre conflit) ; et « du sol et de la nue hostiles » (antithèse marquée comme telle) il conviendra, sauf à encourir le « grief » d'une nouvelle ingratitude, de « sculpter » un « bas-relief » à sa gloire pour en orner sa « tombe », « calme bloc ici-bas chu [antithèse haut/bas] d'un désastre obscur[2] » (p. 60).

---

1. « *Conflit* » est un mot très récurrent chez Mallarmé, tant dans les *Poésies* que dans les proses, dont l'une le prend pour titre (*Div*, p. 100-108).

2. Où pourrait s'entendre, oxymore en puissance, « d'un *des astres obscur[s] ».

De l'autre, les oppositions ou plus exactement les annulations réciproques se suivent en chaîne sans s'orienter vers une synthèse : s'il se développe en sens contraires, le mouvement demeurera en suspens. « L'oiseau qu'on n'ouït jamais/Une autre fois en la vie », nul ne sait si « déchiré » il va « rester entier » (la forme interrogative et interposée du « va-t-il » empêchant, en le disant, la fusion des contraires) (p. 55). L'« unanime [...] conflit » est « blanc » et reste « flott[ant] », le « Jeu suprême » ne s'effectuera pas, le « creux néant musicien » de la « mandore » sera un « ventre » d'autant plus infécond qu'il n'est pas stérile puisqu'« on aurait pu [en] naître » (p. 68). Navire happé par « l'abîme » ou sirène noyée à défaut d'une « perdition [plus] haute », l'écume tait à jamais le secret qu'elle indique (p. 71).

Totale ou incomplète dialectisation des contraires (et celle-ci l'emporte dans les derniers sonnets), « Transposition » accomplie, « allant du fait à l'Idéal », ou bien système d'oppositions conférant au sens l'aspect d'une pure Structure, la négativité mallarméenne importe moins en définitive par ce qu'elle produit que par la mobilité toute formelle qu'elle imprime au texte. Avant *Hérodiade*, où devait s'amorcer une sorte de dialectique régressive, les *Poésies* racontaient des luttes, des fuites, des élévations, des chutes. Apparemment scellées par leur propre densité, les *Poésies* post-parnassiennes figurent du mouvement[1], parce que celui-ci, litiges abstraits, intensités contraires, hypothèses inconciliables, les

1. Certains objets inertes y sont d'ailleurs décrits en termes agonistiques. Ainsi du « vase » du Triptyque qui « agonise » et dont « le col [...] s'interrompt » (p. 67) ou du miroir du sonnet en -yx, décoré de « licornes ruant du feu contre une nixe » (p. 59).

construit en étroite coopération avec la syntaxe et une autre rhétorique du sens.

Dans les « parages du vague »

Soit encore la Transposition d'où sort « le Cygne » (p. 57) : elle passe, on vient de le voir, par une série d'oppositions surmontées. Elle passe aussi par un processus de gradation allant de la partie au tout ou de l'espèce au genre : le « lac dur » (premier quatrain) s'élargit dans la double généralité de « l'espace » puis « du sol » (premier tercet) cependant que tel « cygne d'autrefois » (second quatrain) en passe par « l'oiseau » engagé avec la glace dans un combat devenant, lui, pur acte de « nie[r] » (premier tercet).

Soit d'autre part les strophes 2 et 4 du premier *Petit air* (p. 54) : si l'on ne sait, à la grammaire près, qui de l'oiseau ou de la nageuse y « plonge » « à côté » de l'autre[1], lequel des deux est semblable à du « blanc linge ôté », ni qui de « l'onde » ou de « toi » devient l'autre, c'est que l'ensemble est agencé de telle sorte que tous les éléments qu'il présente — *linge-oiseau-toi-onde* — puissent être pris l'un pour l'autre en vertu de leur contiguïté dans un même espace représenté (principe que marquent « longe » et « à côté ») et d'une succession rapprochée d'événements fondus en un même « devenir » *(longer-se déshabiller-plonger-exulter-devenir)*.

Là : synecdoque, appuyant le mouvement d'élévation dialectique, en donnant à voir de façon toujours réversible le tout ou le genre

---

1. « Plonge », étant à la troisième personne, ne peut en toute rigueur se rapporter à « toi ».

dans la partie ou l'espèce ; ici : métonymie, contribuant avec la syntaxe à une conjonction euphorique des choses, des actes et des sensations, du fait de leur appartenance à une même totalité englobante. Et notons que dans ces deux exemples les procédés se croisent : comme le « transparent glacier », fait d'une stratification de cygnes n'ayant pas pris leur envol, le cygne se trouvera métonymiquement diffracté en plusieurs cygnes situés à différents moments du temps (« aujourd'hui […] Un cygne d'autrefois se souvient que c'est lui », p. 57), tandis que le « fugace oiseau » ou le « blanc linge » désigneront par synecdoque le « cygne » dont l'absence a été enregistrée au premier quatrain aussi bien que les vêtements dont la nageuse s'est dépouillée sur la rive.

Ce ne sont ni des cas isolés ni des cas limites : non seulement le texte mallarméen accorde à ce couple de tropes un privilège constant (chacune des *Poésies* post-parnassiennes se prête à semblable analyse), mais le poète a plusieurs fois théorisé ce mode d'expression consistant à placer un objet ou un événement dans un halo d'effets allusifs qui les nimbent autant qu'ils en tiennent lieu sur la scène du poème.

« *Peindre, non la chose, mais l'effet qu'elle produit* » : l'axiome qu'il soulignait pour résumer la « poétique très nouvelle » (*C.L.*, p. 206) initiée dans *Hérodiade* valait déjà comme manifeste en faveur des pouvoirs de la métonymie, et c'est encore le primat d'une écriture indirecte qu'il argumentera par la négative en dénonçant, dans *Crise de vers*, l'ancienne « erreur » esthétique qui portait à « inclure au papier subtil du volume autre chose que par exemple l'horreur de la forêt, ou le tonnerre muet épars au feuillage ; non le bois intrinsèque et dense des arbres[1] » (*Div.*, p. 247).

1. Plutôt donc l'effet de la « forêt » ou le bruissement du « feuillage » que le « bois intrinsèque et dense des arbres ». Notons que « papier subtil » est lui-même une subtile métonymie du poème.

Mallarmé a lui-même indiqué que cette poétique de la suggestion était à la fois la clé de voûte d'une esthétique nouvelle et un acte de rupture avec le mimétisme parnassien : « Je crois, expliquait-il à Huret, que [...] les jeunes sont plus près de l'idéal poétique que les Parnassiens qui traitent encore leurs sujets à la façon des vieux philosophes et des vieux rhéteurs, en présentant les objets directement. Je pense qu'il faut, au contraire, qu'il n'y ait qu'allusion. La contemplation des objets, l'image s'envolant des rêveries suscitées par eux, sont le chant : les Parnassiens, eux, prennent la chose entièrement et la montrent ; par là ils manquent de mystère[2]. » Encore faut-il bien voir que la rupture qu'il enregistre va au-delà d'un simple coup d'estoc porté à l'insuffisance et à la vieillerie parnassiennes.

2. J. Huret, *op. cit.*, p. 76-77.

Outils de cette esthétique nouvelle, la métonymie et la synecdoque, que Jakobson classera, par opposition à la métaphore, sur l'axe syntagmatique du langage, sont aujourd'hui encore réputées antipoétiques[3]. Cela sans doute, d'un point de vue formel, parce que la substitution qu'elles opèrent, comme tout trope, passe par un décalage ou un déplacement référentiel d'un élément à un autre plutôt que par une fusion symbolique de deux éléments possédant des traits communs ; cela aussi, du point de vue d'une histoire des formes poétiques, parce que le romantisme,

3. Les titres de presse notamment en usent et en abusent.

177

relayé en ce sens par le Parnasse et jusqu'à nous par les surréalistes, a durablement imposé l'Analogie en vecteur essentiel de la médiation poétique : la poésie serait métaphorique ou ne serait pas. C'est bien, sous cet aspect, à un coup de force radical que Mallarmé procède en plaçant son écriture (et toute poétique conforme à « l'idéal » de la modernité) sous le régime de ces tropes : il y va, rien de moins, d'une dégradation de la métaphore et, avec elle, de la représentation la plus instituée des rapports entre le langage poétique et le monde.

Du monde, le poème dira la disparité et l'éclatement, par un mouvement allant, sans les relier ni les isoler, d'un point à un autre ; des choses, non leur densité intrinsèque ni leur fusion possible, mais l'« à-côté » où cette densité se répand en effets irréductibles à quelque unité figée ; de l'effet, non ce qui le caractérise en propre, mais ce qu'il produit avec d'autres en fait d'impression. *Feuillet d'album*, par exemple, ne sera qu'un « essai », qu'un « vain souffle [...] Manqu[ant] de moyens » pour rendre, dans son aérienne diffusion, tel « très naturel et clair/Rire d'enfant qui charme l'air » (p. 49). De Bruges, cité « furtive », « couleur encens », *Remémorations d'amis belges* ne dira qu'une « pierre » dévêtue « pli selon pli » et qu'une « aube » « multipliant » ses reflets « au défunt canal » offert à « la promenade éparse de maint cygne » (p. 50). La danseuse du *Billet* sera « Tourbillon de mousseline ou/Fureur éparse en écumes », éventant Whistler avec « l'air de sa jupe » (p. 53). L'extase érotique sera irrépressible jaillissement, « tonnerre et rubis », phallique mort « pourpre », chatoyante trouée de « feu » dans « l'air [...] avec des royaumes épars » (p. 70). Tel enfin des *Éventails* jettera « le ciel en détail » et « mieux qu'une fiole » dispersera « l'arôme émané de Méry » (*A.P.*, p. 163).

Visions floues, notations brèves, détails évanescents : évitons, même si elle est tentante, l'analogie immédiate avec l'esthétique impressionniste. De Manet à Mallarmé, il n'y a pas influence directe, et du reste le poète évoquait dès 1865, près de dix ans avant la première exposition des Indépendants et l'apparition du mot « impressionniste », la succession d'« impressions très fugitives » qu'il s'efforçait de « peindre » et de « noter » au texte de son *Hérodiade* (*C.L*, p. 220). Plus que d'une technique transmise, dont on voit mal d'ailleurs comment s'y serait réduit l'écart sémiologique entre peinture et poésie, c'est d'une communauté de vision et d'objectif qu'il s'agit, semblable, en plus conscient chez ses acteurs[1], à celle qui associe dans une même culture de l'indice l'énigme du texte mallarméen au fonctionnement du roman de détection. La vision fragmentiste relève d'un mode collectif de représentation, presque d'une solidarité historique : elle affecte aussi bien, au même moment, la narration instantanéiste des Goncourt, de Vallès ou de Loti[2] que la peinture d'un Monet ou la poésie de Mallarmé. C'est dans une inflexion générale de la perception esthétique et, en amont, dans une probable transformation commune de

1. Manet et Mallarmé, qui habitaient le même quartier, se sont quotidiennement fréquentés de 1873 à la mort de l'artiste. Rappelons aussi que par divers articles le poète s'est fait le théoricien de l'esthétique impressionniste.

2. Voir sur ce point Jacques Dubois, *Romanciers français de l'instantané*, Bruxelles, Palais des Académies, 1963.

l'espace social, technique et culturel et de la position du champ artistique dans cet espace, telle qu'elle s'amorce au cours du Second Empire, qu'il faudrait en chercher la source[1].

L'objectif est plus aisément résumable. Là où la peinture académique ou le poème parnassien marquent vigoureusement les contours, le tableau impressionniste et le texte mallarméen ont en partage de proposer au regard ou à la lecture des objets peu définis, sollicitant une perception active. Le poète le signifiait à Huret, « *nommer* un objet, c'est supprimer les trois quarts de la jouissance du poème qui est faite de deviner peu à peu » ; le suggérer, au contraire, c'est donner « aux esprits cette joie délicieuse de croire qu'ils créent[2] ». Couleurs juxtaposées ou mots livrés à une rhétorique allusive empêchent tout figement de la représentation ou de la signification, et confèrent en somme au seul spectateur ou lecteur l'initiative de faire sens avec ce que l'artiste ou le poète lui propose. Comme le flou en peinture, le « Mystère dans les Lettres », avec les divers moyens dont il use, sera appel à la lecture, chance donnée à l'exercice d'une responsabilité symbolique, don d'un texte « presque [à refaire] par soi ».

Cette nécessaire incomplétude sémantique de l'œuvre, affirmation et garantie des pouvoirs de la lecture, est l'une des raisons pour lesquelles Mallarmé assimile dans *Toute l'âme résumée* l'activité d'écrire à l'art de fumer un cigare (p. 164). Comme la fumée dont les ronds s'« aboli[ssent] en autres ronds », la poésie est dilution de l'être, dispersion

---

[1]. Nous nous y sommes attaché dans notre thèse de doctorat, *Le Messager du Livre. Genèses de Mallarmé*, Liège, ULg, 1994, à paraître en 1998.

[2]. J. Huret, *op. cit.*, p. 77.

1. La surdétermination formelle du poème ne compromet pas son indétermination sémantique ; elle y contribue au contraire : plus se multiplient les connexions formelles et donc les rapports de sens, plus la signification se disperse.

volatile du sens. Aussi convient-il d'éviter toute référence directe au monde (qui rabattrait le « clair baiser de feu » sur « la cendre », le dire sur le dit, l'illusion poétique sur la réalité) en travaillant à produire de l'imprécision, c'est-à-dire du non-fini : « Exclus-en si tu commences/Le réel parce que vil//Le sens trop précis rature/Ta vague littérature[1]. »

3. L'ALLÉGORIE DU TEXTE

Arrivés « dans ces parages du vague en quoi toute réalité se dissout » (*C.D.D.*, p. 427), nous n'avons pas atteint pour autant le bout de la chaîne textuelle. Non qu'il y ait encore quelque maillon à découvrir : c'est plutôt que cette chaîne est sans début ni fin, les textes du dernier Mallarmé ayant non seulement cette propriété qu'on a vue de se boucler à l'échelle du vers ou du poème (par toutes sortes de constructions tautologiques), mais celle aussi de représenter le processus formel qui les engendre. La première version du sonnet en -yx le disait « allégorique de lui-même » (p. 139), et l'analyse confirmera que ce texte à la fois se réfléchit en abyme et porte le jeu des formes au point où celui-ci se résorbe dans ses propres règles. Mais ce qu'il faut bien voir auparavant, c'est que ce sonnet ne revêt aucun caractère d'exception : il est lui-même allégorique du poème mallarméen en général, toujours en quelque mesure animé par une telle réflexivité.

L'un des signes en est la prolifération dans tout le recueil et sous des formes diverses du motif de l'écriture, soit par référence directe au registre du texte et du discours (*Don du poème*, *Prose*), soit par des métaphores empruntées à d'autres arts (peinture décorative, danse, musique, chant[1]) ou à d'autres régimes d'activité (la navigation, l'acte sexuel), soit par métonymie (ainsi des *Tombeaux*, invoquant les ombres des poètes et mimant leur esthétique, ou de l'*Hommage* à Wagner, dont le « sacre » est « Mal tu par l'encre même en sanglots sibyllins »), soit encore par une combinaison de ces différents procédés (*Brise marine*).

1. À l'extrême du chant : le cri d'agonie (*Petit air II*, sonnet du Cygne) ou le cri de jouissance (*Quelle soie aux baumes de temps*).

PROSE

Aucun autre texte ne se maintiendra au niveau de saturation atteint à cet égard par la *Prose* (p. 44-46), qui, dès son titre (polysémique[2]), sa dédicace (« pour des Esseintes ») et son premier mot (« Hyperbole »), développe une forte isotopie du livre et du discours : *grimoire, livre, hymne, atlas, herbiers, rituels, comparant, on dit, cite, devisions, taisons, jeu, ouïr, carte, dit le mot, parchemins, porter ce nom*. Ce que la *Prose* « installe » en vérité, avec l'illusion toute verbale d'un « pays [qui] n'exist[e] pas » (v. 48), c'est un décor de papier et de mots, aussi symbolique et artificiel que l'espace-livre habité par le héros de Huysmans : paysage parcouru « sans fin » comme une « carte » (v. 44-45) et dont les « chemins » conduisent au savoir (« l'enfant [par eux devient] docte », v. 49-50) ; espace d'exhibition d'une « science » et d'une « patience » de l'écriture ; lieu d'expression enfin d'une parole performative : « Elle dit le mot : Anastase !/Né pour d'éternels parchemins » (v. 51-52). Exploit rhétorique, à mi-chemin du manifeste et de l'art poétique, la *Prose* est proclamation grandiose des pouvoirs de la parole. La médaille a son revers : la grandiloquence. Ce texte où les mots rares et les calembours abondent est aussi excessif et fabriqué que le roman auquel il fait écho.

2. Ajoutons à ceux que nous avons déjà indiqués le sens liturgique du mot de « Prose », hymne chantée à la messe juste après l'Évangile (du type du *Dies iræ* ou du *Stabat Mater*) dans les occasions les plus solennelles. *Cf.*, au v. 6, « L'hymne des cœurs spirituels ».

Son fort indice de récurrence ne fait pas pour autant du motif de l'écriture un thème vecteur parmi d'autres ni même, en soi, un thème. La navigation, l'ébat érotique, l'énigme de l'Être, le cycle solaire n'en sont que des variantes métaphoriques, disant le mouvement sans fin, la productivité stérile, le secret du texte et le cycle allant de la destruction du sens par la forme à sa conversion en facteur de signification. Ce n'est pas davantage un thème (ou alors est-ce la matrice de tout thème mallarméen) en ceci que l'activité poétique reste l'objet du poème lors même que celui-ci ne la mentionne pas explicitement. Le « battement » de l'éventail, son rythme binaire, sera celui du « langage » et du « vers » (p. 47). L'écume bavant à la surface basaltique de l'océan déposera blanc sur noir ce que le texte recueillera noir sur blanc (p. 68). La mandore « au creux néant musicien » dira l'improbable naissance de la mélodie poétique (*ibid.*). Et, à un plus haut niveau d'abstraction, certains mots très récurrents seront investis, au-delà de ce qu'ils disent, d'une fonction métarhétorique. Ainsi de l'adjectif « épars », valant comme marque d'une écriture fragmentiste où le détail suggestif l'emporte sur la désignation directe du monde. Ainsi des mots « pli » ou « miroir » exprimant, quel que soit l'objet auquel ils se rapportent, la disposition du poème à se replier spéculairement sur lui-même[1].

---

[1]. Sur la notion de « pli », voir Dossier, p. 226-229.

La raison de cette réflexivité généralisée doit être cherchée dans la structure de la langue, dont le poème est l'« ébat ». Dès qu'un texte approche de la limite au-delà de laquelle il deviendrait pure forme[1] — et c'est bien à cette limite que le poète songe lorsqu'il donne le texte poétique pour un organisme dévorant ses propres mots —, la forme elle-même, parce qu'elle reste expression, c'est-à-dire tension vers quelque chose à dire, est inévitablement portée à se prendre au moins pour objet. Il n'y a pas plus en effet de signifié sans signifiant que de signifiant sans signifié : ou bien le récepteur lui en affectera un (comme lorsqu'on dit voir « de la neige » sur l'écran bombardé d'électrons d'une télévision hors d'usage), ou bien ce signifiant signifiera « signifiant sans signifié » (et c'est cela pour une part que le « ptyx » mallarméen veut dire).

1. Limite qu'il ne franchit jamais : le poème lettriste lui-même produit du sens.

De cette architecture abyssale, le sonnet en -yx (p. 59) constitue la clé de voûte, dont le poète disait qu'il est « inverse, [c'est-à-dire] que le sens, s'il en a un [...], est évoqué par un mirage interne des mots mêmes » (*C.L.*, p. 392). Sa performance ne réside pas seulement dans l'acrobatie de ses rimes rares : elle tient surtout à la structure spéculaire qu'il installe à différents niveaux. Le « miroir » dans le cadre duquel « se fixe » le septuor de « scintillations » n'est autre, d'abord, que le sonnet lui-même avec ses sept couples de rimes ix/or, dont l'éclat rejaillit sur l'ensemble du texte, en particulier par la dissémination du graphème « or » dans ses tercets (no**r**d, lico**r**nes et, inversé, p**r**oche, mi**r**oir, c**r**oisée). L'effet miroir est également assuré par l'inversion du genre des rimes : yx/ore pour les quatrains, ixe/or pour les tercets (la notion de « croisée », déjà exprimée par le signe x, marquant ainsi le jeu des rimes croisées et leur permutation de genre). Ajoutons, au bord du cadre, le caractère circulaire du premier vers (« Ses purs ongles très haut dédiant leur onyx », où la tournure de l'ablatif absolu appuie la tautologie étymologique ongles/onyx) et la réflexion formelle des mots qui ouvrent le poème, « Ses purs ongles », dans ceux qui le ferment, « le septuor » (où la même séquence graphique, encadrée par « le », se reproduit : s+p+o).

Au foyer de ce dispositif, un mot : « ptyx », présent au texte, mais absent de ce que celui-ci représente (le Maître ayant emporté au Styx cet objet nommé dans aucune langue[1]). Tout s'enroule en spirale autour de l'énigme qu'il désigne comme le Styx lui-même s'enroule autour des enfers[2]. Trois périphrases cependant le définissent — « cinéraire amphore », « aboli bibelot d'inanité sonore » et « seul objet dont le Néant s'honore » — dont les deux dernières, reliées par la rime calembour sonore-s'honore, soumettent les deux vers qui les exposent à une sorte d'holorime sémantique (aboli/seul, bibelot/objet, inanité/Néant : le v. 8 reflète ainsi le v. 6, en faisant passer les éléments qu'il réplique à un niveau supérieur, plus honorable, de connotation, dont le calembour final fournit la clé). « Cinéraire amphore », le « ptyx » est un contenant probable du « Phénix », oiseau toujours renaissant de ses propres cendres, symbolisant certes le cycle du soleil, mais aussi bien le poème lui-même, « rêve vespéral », organisme s'autodétruisant et pris dans le mouvement perpétuel d'une structure en boucle. « Aboli bibelot d'inanité sonore », il renvoie

1. L'étymologie conjecturale de ce mot, adéquate à la réflexivité du sonnet, renverrait toutefois au grec *ptux* : pli d'une étoffe, cuir ou lame de métal recouvrant un bouclier, tablette ou feuillet pour écrire, repli ou anfractuosité d'une montagne.

2. Répandre rituellement l'eau puisée au Styx permettait aux dieux de résoudre leurs querelles. Qui se parjurait au moment de la verser était aussitôt paralysé pour une année (voir Jean-Pierre Vernant, *Mythe et pensée chez les Grecs*, I, Maspero, 1965, p. 120).

au jeu verbal à la fois luxueux et dérisoire de la rime en -yx qui l'a produit. « Objet dont le Néant s'honore », il exprime le vide du sens sur lequel se contracte la forme implosive du sonnet.

On sait ce que Gide entendait par mise en abyme : l'inclusion dans une œuvre d'une réplique en réduction de cette œuvre (à l'exemple de la scène de comédie dans *Hamlet* ou des miroirs convexes dans les tableaux de Memling ou de Metsys, où se reflète la scène peinte et peut-être, presque invisible, au fond, le peintre lui-même à l'œuvre devant son chevalet)[1]. Jusque dans sa structure consonantique presque imprononçable (p+t+y+x), qui reproduit en la resserrant l'acrobatie phonique et graphique du sonnet entier, le « ptyx », ce mot-bibelot, met en abyme tout le texte-salon. Terme absent au dictionnaire, sans signifié donné, il n'a de sens que celui que l'organisation interne du poème lui prête en s'y réfléchissant. Symbole de l'opacité du texte et de sa contorsion formelle, symbole de l'écriture, symbole aussi de cette « scintillation » en « traînée de feu » à laquelle Mallarmé identifie la signification, il est, bien au-delà, à la fois le mot-énigme et le mot de l'énigme où se résorbe et s'échappe l'ensemble du recueil. Signifiant creux, désajustant la mécanique surorganisée du poème, le ptyx n'est peut-être rien d'autre, en définitive, que l'indispensable *case vide* du jeu mallarméen.

1. André Gide, *Journal (1889-1939)*, Gallimard, Bibliothèque de la Pléiade, 1951, p. 41.

AU SEUL SOUCI D'ÉCRIRE..

Les *Poésies* commencent par une invitation à naviguer et s'achèvent à une pièce près sur un probable naufrage[1]. Il y a, dans ce parcours menant à « l'abîme », une sorte de message adressé au lecteur, message vague mais insistant, semblable à l'« annonce nouvelle » colportée par l'oiseau dont l'inutile agitation se heurte au « sourire » imperturbable « du pâle Vasco » (p. 65).

Ce message concerne, à n'en pas douter, l'écriture poétique : *Salut* a trop fermement réglé un jeu d'équivalences entre le vers et l'écume, entre écrire et naviguer, entre les poètes et les sirènes qui se noient pour qu'il en aille autrement. Mais qu'en dit-il ? Pour une part, sans doute, qu'elle est à la fois une chance, une planche de « salut » (un moyen d'échapper à l'incarcération dans la parole sociale ordinaire), et un risque toujours bon à courir, dût-on en périr. Risque de l'extrême isolement (celui du « poète en grève devant la société[2] »), risque aussi du désastre, de l'engloutissement dans l'insignifiance. Qui embarque, peu importe la nef à laquelle il confie son désir de partir et son destin, doit s'apprêter à l'éventualité de sa propre « perdition ». Entre « *solitude* » et « *étoile* », le « *récif* » de *Salut* prédit la « basse[3] de basalte » (p. 71).

La teneur du message ne se déplie qu'à intégrer au dispositif qui l'enveloppe le sonnet à Vasco, où la métaphore se prolonge *ad infinitum*. Écrire en poète, en explorateur du

---

1. Ajoutons cette autre symétrie : d'un côté, p. 3, un «*vierge vers*» qui est «*écume*» désignée ; de l'autre, p. 71, une «écume» qui est signe cachant ce qu'elle désigne, indice opaque scellant le mystère au lieu d'aider à sa levée.

2. À Jules Huret, p. 78.

3. «Basse» ayant notamment le sens, suivant le Littré 1873, de «petit banc ou îlot de roches qui ne découvre jamais, sans cependant [...] laisser assez d'eau pour passer dessus ».

1. Gisement a deux sens dans le poème : celui d'un *minerai précieux enfoui* (« pierrerie ») et celui de *direction par rapport à une côte* (inutile, ici, parce que la barre ne variera pas).

langage, c'est voyager « au seul souci de voyager », voyager pour voyager, en doublant tous les caps, sans s'arrêter aux terres promises, quelque séduction que leurs « gisement[s][1] » exercent. Autrement dit, la poésie se passe de toute finalité et de toute justification, n'ayant rien d'autre à dire que ce « *rien* » en quoi elle résorbe, jusqu'à l'anéantir, tout le pouvoir de désignation imparti au discours. Du coup se dévoile la relation d'implication réciproque entretenue par le sonnet en hommage au vieux navigateur et *À la nue accablante tu*. Pour que l'activité poétique soit sans fin, pour que la productivité formelle avec laquelle le poème se confond reste en mouvement, il faut que le sens se dérobe, laissant à la place qu'il aurait dû occuper un secret inconnaissable. C'est ce sens englouti et la clé du secret qui en tient lieu à la surface du texte que l'écriture recouvrira de son écume dans l'avant-dernière pièce du recueil.

De cette énigme *Salut* donne pourtant la solution. L'écume du vers y désigne aussi le pétillement du champagne dans « *la coupe* » levée, et au-delà, comme par ondes concentriques, le toast porté par le président du banquet, l'occasion de ce banquet, l'assemblée des convives réunis pour la circonstance et enfin la communauté des poètes dont ceux-ci participent, elle-même enclavée dans l'espace littéraire général avec ses rites de sociabilité, ses routines particulières et ses codes. Si bien que l'intransitivité de l'écriture affirmée par les trois sonnets se double d'une transitivité indirecte : écrire pour écrire, forme radicalisée de l'Art pour l'Art, suppose un *écrire à* ou un *écrire pour*, parce que l'acte en implique que l'on s'adresse à un lectorat essentiellement fait de pairs, partageant la même démarche et la même croyance en l'utilité (symbolique) d'une écriture détachée de toute contingence pratique. Dans cette mesure, le « *rien* » logé au « creux néant musicien » du poème n'est pas vide. Ce rien, comme le « ptyx » pour le texte-salon, est le miroir concave où se reflète le champ poétique à un moment donné de son histoire, lorsque, à la rencontre de différents facteurs internes et externes à ce champ[1], y apparaît pour légitime ce qui auparavant eût représenté une aimable extravagance ou un artifice absurde : un texte ne tirant sens que de sa propre élaboration.

Écrire *à*, écrire *pour* : c'est bien à cela que Mallarmé s'adonne après 1876, lorsque s'achève avec la publication du *Faune* le cycle des grands poèmes tirant leur raison de s'écrire d'un pur projet esthétique. Commence alors, jusqu'à l'éclipse finale du *Coup de dés*, le temps des textes de « circonstance » non « éternelle », inséparables d'une ritualisation sociale de l'écriture[2]. Le poème répondra à des demandes, à des commandes, à des occasions solennelles (comme toute *prose*), s'adressera en guise de don ou de remerciement, s'écrira en geste d'hommage ou de remémoration et plus généralement pour satisfaire à l'attente d'une collectivité symbolique, celle des poètes et des artistes. D'où les termes ambigus de la lettre à Verlaine : « Au fond, je considère l'époque contempo-

---

1. Autonomisation, renoncement à tout enjeu politique ou moral, augmentation du corps de producteurs et effervescence consécutive des codes individuels (dont le vers libre), concurrence de « l'universel *reportage* », etc.

2. Le poème mallarméen rejoint par là la fonction la plus archaïque du discours poétique. Voir, sur ce point, Predrag Matvejevitch, *Pour une poétique de l'événement*, UGE, 10/18, 1979, p. 73.

raine comme un interrègne pour le poëte, qui n'a point à s'y mêler : elle est trop en désuétude et en effervescence préparatoire, pour qu'il ait autre chose à faire qu'à travailler avec mystère en vue de plus tard ou de jamais [Mallarmé songe à l'improbable échéance du Livre absolu] et de temps à temps à envoyer aux vivants sa carte de visite, stances ou sonnet, pour n'être point lapidé d'eux, s'ils le soupçonnaient de savoir qu'ils n'ont pas lieu » (*C.L.*, p. 587-588).

Les quatrains postaux ne sont donc pas seuls à établir « une équation ironique entre écrire et s'adresser[1] » : tout poème en effet « s'envoie », tout texte inscrit dans l'*ici-maintenant* (et non pas dans l'*à jamais*) tient de la « carte de visite » comme toute écriture s'exerce en pur acte de courtoisie à l'intérieur d'un cercle restreint d'échange et de connivence. L'ironie mise un instant de côté, on notera que le propos anticipe tel autre que le poète tiendra à Huret[2] et qu'il consonne avec l'ensemble des métaphores funéraires que Mallarmé associe à l'activité poétique, allant du livre-tombeau aux *Tombeaux* eux-mêmes. Et notons également qu'il trace, ainsi qu'on l'a vu, une infranchissable ligne de démarcation entre le projet du Livre, absorbant en secret toute l'énergie du poète et toute sa force de conviction poétique, et la série sans fin et sans ordre — sans loi commune que leur commune destination — des poésies écrites pour alimenter la demande et rappeler « aux vivants » qu'on est toujours des leurs.

Reste l'ironie. L'essentiel s'y tient à mots très couverts. Les « vivants » ou l'« époque

---

1. Vincent Kaufmann, *Le Livre et ses adresses*, Méridien/Klincksieck, 1986, p. 30.

2. Voir chap. I, p. 28.

contemporaine » généralisent la communauté des lecteurs-poètes (des récepteurs des stances-cartes de visite[1]) et l'espace poétique moderne. C'est de ses pairs en effet que Mallarmé aurait à craindre d'être « lapidé », et pour cause d'adultère esthétique : en l'occurrence la faute impardonnable de savoir, en rupture avec l'illusion collective d'une poésie assimilée à une parole essentielle, que le sens de « ce jeu insensé d'écrire », s'il en a un, se confond avec le « lieu » où il « a lieu » et avec les enjeux symboliques — c'est-à-dire sociaux à l'échelle du champ culturel — auxquels il répond et doit de s'effectuer.

Paul de Man soulignait que « les expériences formelles auxquelles Mallarmé ne cessera de se livrer avec la plus grande méticulosité seront essentiellement frivoles et gratuites[2] ». Allons plus loin, car cette frivolité n'est pas sans signification et n'a rien de gratuit : la virtuosité mallarméenne, le luxe des rimes et des structures, appliqués à des sujets mineurs proposés par le hasard des opportunités et des circonstances, expriment — ironiquement — une position d'incrédulité poétique. Dès lors que la poésie a perdu toute caution transcendante (puisqu'elle ne tire son Sens que de l'espace où écrire des poèmes a du sens), dès lors que « le Jeu suprême » a été touché par le « doute », ne reste qu'à s'y livrer comme à un jeu de société sans autre conséquence que le fait de le mener conformément à l'attente de ceux auxquels il s'adresse, comme à un cérémonial privé de toute substance mais dont

---

1. L'idée du sonnet « carte de visite » retrouve la notion archaïque de « Symbole », signe de reconnaissance entre initiés.

2. Paul de Man, « Le Néant poétique. Commentaire d'un sonnet hermétique de Mallarmé », dans *Monde nouveau*, n° 88, 1955, p. 71.

les gestes rituels seront méticuleusement accomplis, comme à un « acte » en effet « vide » mais ordonné par ce que Bourdieu appellera les « règles de l'art[1] ».

De là ce halo « sépulcral » nimbant tout le recueil avec ses poètes en pitres enfarinés, ses naufrages imaginés, ses dons de poèmes à accueillir comme d'« horrible[s] naissance[s] », ses « suicide[s] beau[x] », ses tombeaux, ses Cygnes morts de n'avoir pas chanté, ses scintillations d'abîme, ses rêveries érotiques jouissant de ne pas jouir. C'est le prix à payer à la lucidité conquise sur l'illusion complice. *Laissez toute espérance vous qui entrez* : les pompes du poème, ici, sont funèbres. Elles portent magnifiquement le deuil de la Poésie. Elles réduisent l'Idéal (nommé, indiqué « par une place[2] », mimé) à d'inutiles idées de formes. Et il semble bien que Mallarmé n'ait échappé à « l'insupportable conscience de faire quelque chose d'absurde » (*Corr.*, IX, p. 92) que par l'ironie, cette élégance du désespoir, et qu'en (se) faisant miroiter l'*autre chose* qu'eût été le Livre, remède à tout poison, Idée compensatoire, alibi propice à qui a connu la foncière vacuité d'un acte poétique aussi ordinaire, indispensable et cependant futile dans l'espace restreint où il s'exerce que la phraséologie des journaux dans un monde où « l'universel *reportage* » réduit la parole à dire ce qui aurait pu, aussi bien, se dispenser d'être dit.

En 1895 (nous sommes à moins de trois ans de l'autodafé ordonné entre deux spasmes de la glotte[3]), *Le Figaro* ouvre une enquête sur « le vers libre et les poètes ». Mal-

1. Pierre Bourdieu, *Les Règles de l'art. Genèse et structure du champ littéraire*, Seuil, 1992.

2. L'expression apparaît dans la lettre à Verlaine pour désigner la « scintillation » de l'Œuvre absolue par quelque fragment l'annonçant (*C.L.*, p. 586).

3. Voir dans le Dossier, « Compléments biographiques », p. 202.

larmé y répond par un sonnet en vers stricts : *Toute l'âme résumée* (*A.P.*, p. 164). La science de l'écriture, dit-il, égale le savoir-faire du fumeur de cigare : il y va d'une semblable dextérité du souffle et du rythme (voilà pour le vers dit libre) et d'une même patience à « séparer » le « clair baiser de feu » qu'est l'expression de ce que celle-ci réduit en « cendre » (le sens, le vouloir-dire). Mais sa réponse (poétique) à l'enquête (journalistique) vaut également par le contrepoint désenchanté qu'elle établit entre une représentation franchement désinvolte[1] et une vision vaguement tragique de la « littérature » (rimant avec « rature »). Si écrire ce n'est rien de plus, métaphore aidant, que fumer un cigare, écrire c'est aussi mourir un peu, *résumer l'âme*, l'*expirer* en un souffle, enfermer dans la « cinéraire amphore » d'un poème, avec ses illusions perdues, ses propres *cendres*. Tout Mallarmé, du moins le seul qui vaille[2], est dans ce battement, lui-même ironique et grave, entre ironie et gravité.

---

1. Notons que Mallarmé, qui répudia toute illusion romantique, ne peut assimiler le poème à un « chœur de romances » sans loger dans cette métaphore un « sourire » aussi énigmatique que celui de Vasco, son alter ego.

2. Laissons le pamphlétaire de *L'Art pour tous* à son élitisme cynique.

DOSSIER

I. COMPLÉMENTS BIOGRAPHIQUES

L'édition Poésie / Gallimard *offre (p. 167-172) une chronologie détaillée. On ne donne, ci-après, qu'un certain nombre de précisions recoupant le propos de l'Essai.*

1862   Mallarmé publie *L'Art pour tous*, violent pamphlet contre les « hérésies artistiques » (la vulgarisation de l'art notamment par le livre à bas prix), où l'élitisme cynique cache mal un vibrant acte de foi parnassienne.

1864   Entreprend *Hérodiade*. En novembre, naissance conjointe de sa fille Geneviève, autre « enfant d'une nuit d'Idumée » (p. 26).

1865   Correspondance nourrie avec Cazalis, dans les marges d'*Hérodiade*. En septembre, bref séjour à Paris, où il soumet le projet dramatique du *Faune* à Banville, qui désapprouve.

1866   « Année effrayante » : *Hérodiade*, l'éloignement de Paris et les servitudes de l'enseignement le jettent dans un sombre mélange d'angoisse métaphysique et de dépression nerveuse (c'est la fameuse crise dite de Tournon). Il n'en émergera difficilement, au début de l'année suivante, qu'au prix d'une double et contradictoire révolution mentale : révélations réciproques du Néant et de l'Être (sous l'impulsion de Villiers, Mallarmé lit Hegel, sans doute de seconde main, dans les commentaires de Véra ou d'Edmond

Scherer[1]) et, d'autre part, abandon de toute position exclusivement spéculative (« il faut penser de tout son corps », *C.L.*, p. 153).

1868   Composition du *Sonnet allégorique de lui-même*, version initiale du sonnet en -yx.

1869   Mise en chantier du conte métaphysique *Igitur*, qui restera inachevé. Projet (avorté) d'une licence ès lettres et d'une thèse de linguistique. Les notes qui en demeurent, esquisse d'une phénoménologie du langage, constituent la première formulation de l'esthétique proprement mallarméenne (*O.C.*, p. 851-854).

1870   Donne lecture d'*Igitur* à Mendès et Villiers : stupeur. Le texte est remisé dans les cartons du poète. Visite à Londres, mandaté par plusieurs journaux, l'Exposition internationale. Trois comptes rendus sous pseudonyme (L.-S. Price) paraissent dans *Le National*. En septembre de l'année suivante, second pèlerinage technologique, à l'occasion de la deuxième saison de l'Exposition. Un long article paraîtra sous sa signature dans *L'Illustration*. Cet ensemble de textes, malgré la pression de conformité journalistique qui s'exerce sur eux, traduisent l'intérêt ambigu qu'il porte aux arts décoratifs et à l'esthétique industrielle en général.

1871   S'installe à Paris, rue de Moscou. Mallarmé déménagera en 1875 pour le 89, rue de Rome,

---

1. Edmond Scherer, « Hegel et l'hégélianisme », *La Revue des deux mondes*, XXXI, 1861. On y lit notamment ceci, qui recoupe le thème du sonnet à Vasco : « Le mouvement de l'idée est un voyage éternel vers un but qui disparaîtrait s'il était atteint, vers un but qui n'est autre que ce voyage même » (p. 833).

où se tiendront à partir de 1877 les fameux mardis, « longtemps vacants », mais appelés à s'inscrire dans l'agenda des poètes et des artistes à l'exemple des samedis de Leconte de Lisle ou des mercredis de Verlaine.

1873 Rencontre Manet et commence de fréquenter l'atelier du peintre, installé rue de Saint-Pétersbourg.

1874 En avril, prend la défense de Manet dans *La Renaissance artistique et littéraire*. Premier séjour à Valvins, qui deviendra sa résidence d'été. En septembre, parution de la première des huit livraisons de *La Dernière Mode*, « gazette du monde et de la famille » entièrement de sa plume sous divers pseudonymes, la plupart féminins.

1875 En juillet, le jury du troisième *Parnasse contemporain* refuse le *Faune*, excluant *de facto* son auteur du cénacle parnassien (en même temps que Verlaine et Charles Cros), mais aussi des circuits éditoriaux légitimes. Le texte paraîtra l'année suivante chez Derenne, éditeur universitaire spécialisé dans l'obstétrique. Durant l'hiver, Mallarmé adresse régulièrement à la revue londonienne *L'Athenaeum* des *gossips*, billets portant sur la vie culturelle française.

1876 Publie en langue anglaise dans *The Art Monthly Review* un long article sur « Édouard Manet et les impressionnistes », qui constitue à plus d'un titre la matrice anticipée de *Crise de vers*. Entre 1876 et 1877, Mallarmé imagine un vaste spectacle, « drame magique, populaire et lyrique » combinant texte, ballet et musique, à jouer simultanément, « à époque fixe », « en trois coins de Paris », avec le concours d'une danseuse-gymnaste des Folies-Bergère (*Corr.*, II, p. 151).

1884   Début de sa liaison (platonique ?) avec l'inconstante Méry Laurent (surnommée « Toute la Lyre » par George Moore).

1885   Mallarmé rend don pour don à l'*À rebours* de Huysmans en publiant sa *Prose* « pour des Esseintes », texte à mi-chemin du manifeste et de l'art poétique. En novembre, adresse à Verlaine, pour documenter l'étude que celui-ci prépare à son sujet (à paraître dans les *Hommes d'aujourd'hui*), sa lettre dite « autobiographique », autre manifeste à sa façon et contrat passé par procuration avec la génération poétique montante. Première mention semi-publique du projet du Livre.

1886   Coup sur coup, en septembre, Moréas publie dans *Le Figaro* son *Manifeste du symbolisme* et Ghil son *Traité du verbe*, précédé par un *Avant-dire* de Mallarmé où s'énonce sa théorie du « double usage de la parole ». Cette préface formera les paragraphes conclusifs de *Crise de vers.*

1887   En octobre, publie à l'enseigne de *La Revue indépendante* la première édition de ses *Poésies*, photolithographiée d'après manuscrit et tirée à 47 exemplaires, avec un frontispice de Félicien Rops.

1889   Mort de Villiers. L'un de ses exécuteurs testamentaires, Mallarmé fera à son sujet, en Belgique (Bruxelles, Anvers, Gand, Liège, Bruges), une conférence itinérante (parfois chahutée, mais bien accueillie par les symbolistes belges, « amis » dont il se souvient dans le sonnet à leur hommage).

1891 Participe à l'*Enquête sur l'évolution littéraire* conduite par le journaliste Jules Huret. Il y apparaît, tout en s'en défendant, comme le chef de file de la génération symboliste.

1892 Préside en février le banquet de *La Plume* et prononce le sonnet *Salut*, en guise de « toast ».

1894 En février-mars, à Oxford puis Cambridge, prononce son importante conférence sur *La Musique et les Lettres*. Le texte est publié en octobre, augmenté de sa réflexion sur l'utilité d'instituer un Fonds littéraire, sorte de banque éditoriale alimentée par les œuvres tombées dans le domaine public et destinée à subsidier les jeunes auteurs. En août, Mallarmé est cité au procès du critique d'art et fait-diversier Félix Fénéon, sympathisant anarchiste compromis dans les attentats de Paris. Mallarmé se porte garant de sa respectabilité. En novembre, adresse à Deman la maquette finale des *Poésies*.

1895 Publie en août *Toute l'âme résumée* dans les colonnes du *Figaro*, en réponse à une enquête sur le vers libre.

1896 En septembre, polémique avec Proust condamnant « l'obscurité » en poésie.

1897 La revue *Cosmopolis* publie la première version du *Coup de dés*.

1898 En février, Mallarmé adresse à Zola, engagé dans l'affaire Dreyfus, une lettre d'amical soutien. En avril, parution de son ultime poème, *Au seul souci de voyager*. En août, lettre au journaliste Jean-Bernard, en réponse à une enquête : « *Quel était mon idéal à vingt ans*, rien d'improbable que je l'aie même faiblement exprimé, puisque l'acte, par moi choisi, a été d'écrire. [...] Suffisamment, je me fus fidèle, pour que ma vie humble gardât un sens » (*C.L.*, p. 640-641). Le 8 septembre, à Valvins, Mallarmé est pris d'un premier spasme du larynx. La seconde crise, le lendemain, lui sera fatale. Entre-temps, un billet griffonné en hâte recommande à sa femme et à sa fille de « brûler » le « monceau demi-séculaire de [ses] notes », celles du Livre et d'*Hérodiade* laissés en suspens. « Croyez, ajoute-t-il, que ce devait être très beau » (*C.L.*, p. 642).

1899   Parution des *Poésies* chez Deman.

1914   Parution de la version à page double du *Coup de dés*, aux éditions de la NRF.

1925   Publication d'*Igitur* à la NRF par le Dr Edmond Bonniot, mari de Geneviève Mallarmé.

1945   Le Dr Mondor, son biographe[1], et G. Jean Aubry publient en un volume dans la Pléiade ses *Œuvres complètes*. Cette édition, très incomplète en réalité et fort peu rigoureuse, n'en servira pas moins de bible à deux générations de « Mallarmistes ».

1957   Jacques Scherer rassemble et organise pour les éditions Gallimard les probables schémas préparatoires du « Livre ».

---

1. Henri Mondor, *Vie de Mallarmé*, 2 volumes, Gallimard, 1941.

1961   Jean-Pierre Richard publie et commente les notes *Pour un tombeau d'Anatole* (Seuil).
1980   Mitsou Ronat procure, à l'enseigne de Change errant/d'atelier, la première édition du *Coup de dés* à peu près conforme aux desseins du poète.

II. DOCUMENTS

1. MALLARMÉ VU PAR QUELQUES CONTEMPORAINS

ÉMILE ZOLA

En 1878, dans une étude sur « Les poètes contemporains », Zola consacre dix lignes à Mallarmé et trois pages à Coppée. L'Histoire se chargera d'inverser les plateaux de la balance.

M. Mallarmé a été et est resté le poète le plus typique du groupe [des Parnassiens]. C'est chez lui que toute la folie de la forme a éclaté. Poursuivi d'une préoccupation constante dans le rythme et l'arrangement des mots, il a fini par perdre la conscience de la langue écrite. Ses pièces de vers ne contiennent que des mots mis côte à côte, non pour la clarté de la phrase, mais pour l'harmonie du morceau. L'esthétique de M. Mallarmé est de donner la sensation des idées avec des sons et des images. Ce n'est là, en somme, que la théorie des Parnassiens, mais poussée jusqu'à ce point où une cervelle se fêle.

Émile Zola, « Les poètes contemporains », in *Œuvres critiques*, III, *Œuvres complètes*, XII, Cercle du Livre précieux, 1969, p. 379-380. D.R.

PAUL VERLAINE

En 1884, dans la troisième livraison de ses *Poètes maudits*, Verlaine fut un des premiers à battre en brèche la réputation d'extravagance formelle faite à Mallarmé.

Dans un livre qui ne paraîtra pas nous écrivions naguère, à propos du *Parnasse contemporain* et de ses principaux rédacteurs : « Un autre poète et non le moindre d'entre eux, se rattachait à ce groupe. Il vivait alors en province d'une profession savante mais cor-

Paul Verlaine, « Stéphane Mallarmé », in *Les Poètes maudits*, *Œuvres complètes*, I, Club des Libraires de France, 1959, p. 490-499. D.R.

respondait fréquemment avec Paris. Il fournit au *Parnasse* des vers d'une nouveauté qui fit scandale dans les journaux. Préoccupé, certes ! de la beauté, il considérait la clarté comme une grâce secondaire, et pourvu que son vers fût nombreux, musical, rare, et, quand il le fallait, languide ou excessif, il se moquait de tout pour plaire aux délicats, dont il était, lui, le plus difficile. Aussi, comme il fut mal accueilli par la *Critique*, ce pur poète qui restera tant qu'il y aura une langue française pour témoigner de son effort gigantesque ! Comme on dauba sur son « extravagance un peu voulue », ainsi que s'exprimait « un peu » trop indolemment un maître fatigué qui l'eût tant défendu au temps qu'il était le lion aussi bien édenté que violemment chevelu du romantisme ! [...]

Tout le monde (très intelligent) sait qu'il a publié en de splendides éditions *L'Après-midi d'un faune*, brûlante fantaisie où le Shakespeare d'*Adonis* aurait mis le feu au Théocrite des plus fougueuses églogues — et le *Toast funèbre à Théophile Gautier*, très noble pleur sur un très bon ouvrier. Ces poèmes se trouvant dans la publicité, il nous semble inutile d'en rien citer. Inutile et impie. Ce serait tout en démolir, tant le Mallarmé définitif est un. Coupez donc le sein à une femme belle !

Tout le monde dont il a été question connaît également les belles études linguistiques de Mallarmé, ses *Dieux de la Grèce* et ses admirables traductions d'Edgar Poe, précisément.

Il travaille à un livre dont la profondeur étonnera non moins que sa splendeur éblouira tous, sauf les aveugles.

Arrêtons-nous : l'éloge, comme les déluges, s'arrête à certains sommets.

JORIS-KARL HUYSMANS

Paru quelques mois après les *Poètes maudits*, le roman de Huysmans, bible de l'esprit décadent, place Mallarmé

au nombre des lectures électives de son héros, des Esseintes, dandy livré à d'épuisants excès de jouissance intellectuelle.

Ces vers [d'*Hérodiade*], [des Esseintes] les aimait comme il aimait les œuvres de ce poète qui, dans un siècle de suffrage universel et dans un temps de lucre, vivait à l'écart des lettres, abrité de la sottise environnante par son dédain, se complaisant, loin du monde, aux surprises de l'intellect, aux visions de sa cervelle, raffinant sur des pensées déjà spécieuses, les greffant de finesses byzantines, les perpétuant en des déductions légèrement indiquées que reliait à peine un imperceptible fil.

Ces idées nattées et précieuses, il les nouait avec une langue adhésive, solitaire et secrète, pleine de rétractions de phrases, de tournures elliptiques, d'audacieux tropes.

Percevant les analogies les plus lointaines, il désignait souvent d'un terme donnant à la fois, par un effet de similitude, la forme, le parfum, la couleur, la qualité, l'éclat, l'objet ou l'être auquel il eût fallu accoler de nombreuses et de différentes épithètes pour en dégager toutes les faces, toutes les nuances, s'il avait été simplement indiqué par son nom technique. Il parvenait ainsi à abolir l'énoncé de la comparaison qui s'établissait, toute seule, dans l'esprit du lecteur, par l'analogie, dès qu'il avait pénétré le symbole, et il se dispensait d'éparpiller l'attention sur chacune des qualités qu'auraient pu présenter, un à un, les adjectifs placés à la queue leu leu, la concentrait sur un seul mot, sur un tout, produisant, comme pour un tableau par exemple, un aspect unique et complet, un ensemble.

PAUL CLAUDEL

Joris-Karl Huysmans, *À rebours*, Gallimard, Folio, 1977, p. 326-332.

L'article de Claudel, dont on lira plus loin les lignes les plus discutables, a perdu de son crédit : catholicisme

sentencieux, disqualification des sonnets symbolistes, mythologie de l'échec mallarméen... Reste la justesse du portrait qu'il trace d'un Mallarmé ambigu, « homme d'intérieur » blotti dans « une prison de signes » et doublé d'un « Parisien ironique et rusé à la Degas ».

Je pourrais [...] comparer *Igitur* au talon qui reste d'un livre de chèques, quand toutes les feuilles, dûment enrichies de chiffres et de noms, ont été portées à la banque. Tous les thèmes, toutes les idées, toutes les images, tous les accessoires, que nous retrouvons poussés avec détail et travaillés de dehors dans l'Album de Prose et de Vers, les voici à l'état d'idées et de croquis l'un sur l'autre repris et répétés dans le carnet d'esquisses, encore engagés avec l'âme. La lampe, la glace, la console, les rideaux, l'horloge, la bibliothèque, les dés, sans oublier, dans sa vacuité transparente, « cette goutte de Néant qui manquait à la mer », le fameux flacon ou ptyx. Tout le mobilier étoffé et étouffant de l'ère victorienne [...], où un nouveau rêveur, le cigare aux doigts, vient de succéder à celui du Corbeau. Au dehors il n'y a que la nuit sans espérance. Ce n'est même pas la peine de soulever les rideaux et de regarder par la fenêtre. Mais comme le commandant du navire dans son blockhaus tout garni d'organes de renseignements et de direction, le suprême Hamlet au sommet de sa tour, succédant à deux générations d'engloutis, tandis que l'inexorable nuit au dehors fait de lui pour toujours un *homme d'intérieur*, s'aperçoit qu'il n'est entouré que d'objets dont la fonction est de signifier qu'il est enfermé dans une prison de signes. Une école pour l'attention, une classe pour les interprètes, nous y avons tous passé à notre tour. Hamlet, professeur d'anglais. Un homme dont le gagnepain était précisément d'interpréter, de traduire et d'expliquer. (Et aussi un Parisien ironique et rusé à la Degas, habitué à comprendre et à se faire comprendre à demi-mot.)

Paul Claudel, « La catastrophe d'Igitur » (1926), in *Œuvres en prose*, Gallimard, Bibliothèque de la Pléiade, 1965, p. 509-510.

2. CONTEXTES

JEAN-PAUL SARTRE, « L'ENGAGEMENT DE MALLARMÉ »

Meilleur lecteur de Mallarmé qu'on ne l'a dit, Sartre a laissé inachevée l'étude qu'il comptait lui consacrer. Il y assimilait la position idéologique des poètes post-romantiques à une sorte de névrose collective, mixte de mauvaise foi et de conscience malheureuse, alimentée par un rapport ambigu aux valeurs de la société bourgeoise.

Les poètes, du Parnasse au Symbolisme, ne feront que porter au sublime l'image négative que la classe possédante veut donner d'elle-même. Certes, ils ne lui ménagent pas les insultes. Mais, à y regarder de près, la bourgeoisie qu'ils stigmatisent n'existe pas ; ou bien c'est la boutique et la bureaucratie. Quand Baudelaire s'emporte, dans ses notes intimes, contre le commerçant, quand Leconte de Lisle prédit la mort des hommes [...], quand Mallarmé se réjouit qu'il n'y ait pas de marchands dans sa famille ou quand il montre un bourgeois en casque à mèche en train de copuler avec sa frigide épouse, leur mépris n'atteignent que le petit commerce. Pendant ce temps... Mais ils ne paraissent pas s'en rendre compte : sur la banque, sur le haut négoce et sur l'industrie, pas un mot ; ils restent tout à fait étrangers aux bouleversements économiques de leur siècle et réservent leurs sarcasmes pour un Tiers État disparu. [...]
Étrange illusion de poètes : ce qu'ils nomment aristocratie de l'esprit, c'est la sublimation des vertus bourgeoises. Mais de cette illusion même la classe dirigeante est responsable. [...] J'ai dit comment elle se défend en évoquant une aristocratie fantôme : faute d'avoir une essence particulière, elle oscillera sans répit du peuple qui l'attire à la noblesse qui la refuse, de l'égalité proclamée à l'inégalité suggé-

Jean-Paul Sartre, *Mallarmé. La lucidité et sa face d'ombre*, Gallimard, 1986, p. 53-57.

rée, de l'athéisme à la religion pour le peuple. Elle a pris la Nature en horreur puisque c'est la Nature qui rend les hommes semblables ; chacun de ses membres vise à différencier de l'espèce, à s'arracher aux généralités vagues de la vie ; chacun d'eux dissimule son corps, jugule ses besoins, fonde sa valeur sur ses *mérites*, et prouve par une ascèse rigoureuse et le culte de l'artifice que les meilleurs, parmi les hommes, sont des êtres supranaturels. Et par là, sans le savoir, il se change de plus en plus en ce qu'il est et s'éloigne à chaque pas davantage de la noblesse, car l'aristocrate, chrétien, fier de sa naissance et de son sang, trouve que la Nature est fort bonne et montre généreusement la sienne. De ce catharisme bourgeois, les poètes se sont faits « les Purs ». Leur ascétisme est à l'image du *cant* victorien ; rien ne les rapproche plus des bourgeois que leur effort pour se distinguer d'eux : car ils veulent prouver leur supériorité par le refus, le mépris de la vie, de la Nature, et le négativisme, et la bourgeoisie ne pouvant fonder ses privilèges sur l'Être prétend se distinguer du populaire par les privations qu'elle s'inflige et les tabous qu'elle dresse, c'est-à-dire par la Négation. La poésie de cette fin de siècle croit être un miroir où viennent se contempler des marquis défunts ; mais ce qu'elle reflète malgré elle, c'est l'image des grandes familles industrielles et commerçantes.

JULIA KRISTEVA : MALLARMÉ, HOMME
DU « COMPROMIS MONDAIN ET SOCIAL »

« Le cas d'un poète, en cette société qui ne lui permet pas de vivre, c'est le cas d'un homme qui s'isole pour sculpter son propre tombeau », disait Mallarmé à Jules Huret. La solitude du poète n'exclut pas cependant, entre ruse et ironie, certaines concessions au jeu social comme aux rituels de la vie littéraire...

[Du Parnasse au symbolisme,] Mallarmé traverse des groupements différents avec aisance et sans fanatisme, tandis que ses textes n'en gardent aucune référence explicite. Si *le Troisième Parnasse contemporain* le rejette en 1875, *La République des Lettres* l'adopte au même moment, et il salue aussi bien Swinburne et les préraphaélites que *l'Assommoir* de Zola (1877), de même qu'il s'entretient allusivement avec Verlaine de la valeur du catholicisme, tout en se réfugiant dans ses souvenirs à la mort d'Anatole (1879) et en même temps dans les pelisses de Marie-Rose Laurent. De même, républicain et gréviste, distant par rapport à l'Allemagne après la guerre [...], il n'en appartient pas moins au milieu de *la Revue wagnérienne* que la gauche intransigeante, avec Mme Adam, va combattre violemment ; ou bien il refuse d'écrire sur l'anarchisme, mais n'en laisse pas moins son canot à Valvins pour aller témoigner au procès Fénéon en 1894, ce qui ne l'empêchera pas de recevoir à ses mardis Clemenceau, qui avait bel et bien pris le pouvoir en renversant Ferry en 1885. Il traverse ces îlots sociaux sans s'y attarder, persuadé de leur « inanité sonore », juste utiles à servir de support au passage de ce procès qui emporte le langage, le sujet et toute formation historique. Les petits ensembles contrôlés par l'État bourgeois, que ce soit la famille, les groupes esthétiques ou spiritualistes et les salons, représentent le sens éphémère d'un non-sens courant, et ne peuvent être que l'objet de l'ironie comme dans les *Vers de circonstances* [sic] (les « Éventails », entre autres) ou dans les « Chansons bas ». Utiles, inévitables, nécessaires pour le travail, ils marquent les arrêts logiquement nécessaires au procès et ne peuvent échapper aux contraintes de l'époque historique [...]. [Mallarmé] les assume dans la mesure où la logique même du procès de la signifiance auquel accède son expérience, l'a conduit à reconnaître la *limite*

Julia Kristeva, *La Révolution du langage poétique*, Seuil, 1974, p. 410-411.

comme indispensable à la disposition du procès. Sa démarche est donc en ce sens plus « réaliste » que la révolte romantique simplement négativiste : ce qui apparaît comme le compromis mondain et social de Mallarmé, est en fait l'explication d'une logique qu'il a plus complètement saisie dans son ensemble qu'aucun romantisme.

3. INTERTEXTES

L'ÉPREUVE DE LA TRADUCTION :
EDGAR A. POE, PREMIÈRE STROPHE
DU *CORBEAU*

Baudelaire et Mallarmé traducteurs se sont partagé l'œuvre d'Edgar Poe : au premier, les proses ; au second, les poèmes. À cette règle, *Le Corbeau* fait exception. L'occasion de mettre en regard non seulement deux traductions et donc deux lectures, mais aussi deux récritures d'un même poème.

a) *Texte original :*

Once upon a midnight dreary, while I pondered, weak and weary,
Over many a quaint and curious volume of forgotten lore —
While I nodded, nearly napping, suddenly there came a tapping,
As of some one gently rapping, rapping at my chamber door.
« 'Tis some visitor », I muttered, « tapping at my chamber door —
                    Only this and nothing more. »

Edgar A. Poe, *The Raven*, in *The Complete Tales and Poems*, New York, Vintage Books, 1975, p. 943.

b) *Traduit par Baudelaire :*

Une fois sur le minuit lugubre, pendant que je méditais, faible et fatigué, sur maint précieux et curieux

Edgar A. Poe, *Le Corbeau*, Lausanne, La Guilde du Livre, 1949, p. 44.

volume d'une doctrine oubliée, pendant que je donnais de la tête, presque assoupi, soudain il se fit un tapotement, comme de quelqu'un frappant doucement, frappant à la porte de ma chambre. « C'est quelque visiteur — murmurai-je, — qui frappe à la porte de ma chambre ; ce n'est que cela et rien de plus. »

c) *Traduit par Mallarmé :*

Une fois, par un minuit lugubre, tandis que je m'appesantissais, faible et fatigué, sur maint curieux et bizarre volume de savoir oublié — tandis que je dodelinais la tête, somnolant presque : soudain se fit un heurt, comme de quelqu'un frappant doucement, frappant à la porte de ma chambre — cela seul et rien de plus.

O.C., p. 190.

LA DANSE DE SALOMÉ

La Scène d'*Hérodiade* trouve sa source — décalée — dans le Nouveau Testament (Marc 6, 17-29). Le « fait divers archaïque » ne nomme pas Salomé, à laquelle Mallarmé, comme d'autres, donnera le nom de la femme d'Hérode.

[...] Hérode avait [...] envoyé se saisir de Jean, et l'avait fait lier en prison à cause d'Hérodiade, la femme de Philippe son frère, avec laquelle il s'était marié ;/car Jean disait à Hérode : Tu n'as pas le droit d'avoir la femme de ton frère./ Hérodiade en avait contre lui, elle voulait le tuer et elle ne le pouvait pas,/ car Hérode craignait Jean, il le savait homme juste et saint, et il le sauvegardait et, tout embarrassé de l'entendre, il l'écoutait avec plaisir./ Il y eut un jour propice, quand, pour son anniversaire, Hérode fit un dîner pour ses grands, pour les chefs et les premiers de la Galilée,/et que la fille de cette Hérodiade entra, dansa et plut à Hérode et aux convives. Le roi donc dit à la fillette : Demande-

Évangile selon Marc, 6, 17-29, *Nouveau Testament*, Gallimard, Bibliothèque de la Pléiade, 1971, p. 126-127.

moi tout ce que tu veux, je te le donnerai ;/ et il le lui jura : Tout ce que tu me demanderas je te le donnerai, même la moitié de mon règne./Elle sortit et dit à sa mère : Qu'est-ce que je vais demander ? Elle dit : La tête de Jean Baptiste./ La fillette s'empressa aussitôt de rentrer chez le roi et demanda : Je veux qu'à l'instant tu me donnes sur un plat la tête de Jean Baptiste./Le roi devint triste mais, à cause des serments et des convives, il ne voulut pas la repousser./ Aussitôt le roi envoya un garde en lui commandant d'apporter la tête. L'homme s'en alla décapiter Jean dans la prison,/ il apporta la tête sur un plat et la donna à la fillette ; la fillette la donna à sa mère./ À cette nouvelle, ses disciples vinrent enlever le cadavre et le mirent au tombeau.

« LE MINUIT », EXTRAIT D'*IGITUR*

Texte-laboratoire sous-titré *La Folie d'Elbenhon*, *Igitur* ne fut connu, du vivant de son auteur, que de Catulle Mendès et Villiers de l'Isle-Adam qui l'entendirent en première lecture au mois d'août 1870. Prototype d'une esthétique en formation, ce « conte » par lequel Mallarmé entendait « terrasser le vieux monstre de l'Impuissance » (*C.L.*, p. 451) est contemporain de la première version du sonnet en -yx, dont le fragment qui suit constitue une sorte d'équivalent en prose.

Certainement subsiste une présence de Minuit. L'heure n'a pas disparu par un miroir, ne s'est pas enfouie en tentures, évoquant un ameublement par sa vacante sonorité. Je me rappelle que son or allait feindre en l'absence un joyau nul de rêverie, riche et inutile survivance, sinon que sur la complexité marine et stellaire d'une orfèvrerie se lisait le hasard infini des conjonctions.

Révélateur du minuit, il n'a jamais alors indiqué pareille conjoncture, car voici l'unique heure qu'il ait créée ; et que de l'Infini se séparent et les constella-

Div., p. 45-46.

tions et la mer, demeurées, en l'extériorité, de réciproques néants, pour en laisser l'essence, à l'heure unie, faire le présent absolu des choses.

Et du Minuit demeure la présence en la vision d'une chambre du temps où le mystérieux ameublement arrête un vague frémissement de pensée, lumineuse brisure du retour de ses ondes et de leur élargissement premier, cependant que s'immobilise (dans une mouvante limite), la place antérieure de la chute de l'heure en un calme narcotique de *moi* pur longtemps rêvé ; mais dont le temps est résolu en des tentures sur lesquelles s'est arrêté, les complétant de sa splendeur, le frémissement amorti, dans de l'oubli, comme une chevelure languissante, autour du visage éclairé de mystère, aux yeux nuls pareils au miroir, de l'hôte, dénué de toute signification que de présence.

C'est le rêve pur d'un Minuit, en soi disparu, et dont la Clarté reconnue, qui seule demeure au sein de son accomplissement plongé dans l'ombre, résume sa stérilité sur la pâleur d'un livre ouvert que présente la table ; page et décor ordinaires de la Nuit, sinon que subsiste encore le silence d'une antique parole proférée par lui, en lequel, revenu, ce Minuit évoque son ombre finie et nulle par ces mots : J'étais l'heure qui doit me rendre pur.

Depuis longtemps morte, une antique idée se mire telle à la clarté de la chimère en laquelle a agonisé son rêve, et se reconnaît à l'immémorial geste vacant avec lequel elle s'invite, pour terminer l'antagonisme de ce songe polaire, à se rendre, avec et la clarté chimérique et le texte refermé, au Chaos de l'ombre avorté et de la parole qui absolut Minuit.

Inutile, de l'ameublement accompli qui se tassera en ténèbres comme les tentures, déjà alourdies en une forme permanente de toujours, tandis que, lueur virtuelle, produite par sa propre apparition en le miroitement de l'obscurité, scintille le feu pur du diamant de l'horloge, seule survivance et joyau de la Nuit éternelle, l'heure se formule en cet écho, au seuil de panneaux ouverts par son acte de la Nuit : « Adieu, nuit, que je fus, ton propre sépulcre, mais qui, l'ombre survivante, se métamorphosera en Éternité. »

IRONIE ET MÉTAPHYSIQUE DU KITSCH : JULES LAFORGUE

Intérieur vide jusqu'à la dernière strophe. Objets et bibelots kitsch : éléphant de jade, vases de Sèvres, bergers peints. Figuration du néant par le dérisoire et par le jeu de mots étymologique : « les Nils », où se devine *nihil*. L'ironie comprise, Laforgue appartient bien au même espace que Mallarmé, à l'intersection d'un style et d'un décor d'époque. Sur les « crédences » de la poésie fin de siècle, son « éléphant de Jade » a sa place aux côtés du « ptyx » mallarméen.

Un éléphant de Jade, œil mi-clos souriant,
Méditait sous la riche éternelle pendule,
Bon boudha d'exilé qui trouve ridicule
Qu'on pleure vers les Nils des couchants d'Orient,
    Quand bave notre crépuscule.

    Mais, sot Éden de Florian,
En un vase de Sèvre où de fins bergers fades
S'offrent des bouquets bleus et des moutons frisés,
Un œillet expirait ses pubères baisers
Sous la trompe sans flair de l'éléphant de Jade.

    À ces bergers peints de pommade
Dans le lait, à ce couple impuissant d'opéra
Transi jusqu'au trépas en la pâte de Sèvres,
Un gros petit dieu Pan venu de Tanagra
Tendait ses bras tout inconscients et ses lèvres.

      Sourds aux vanités de Paris
      Les lauriers fanés des tentures,

Jules Laforgue, « Complainte des pubertés difficiles », in *Les Complaintes*, Garnier-Flammarion, 1997, p. 72-73.

Les mascarons d'or des lambris,
Les bouquins aux pâles reliures
Tournoyaient par la pièce obscure,
Chantant, sans orgueil, sans mépris :
« Tout est frais dès qu'on veut comprendre la Nature. »

Mais lui, cabré devant ces soirs accoutumés,
Où montait la gaîté des enfants de son âge,
Seul au balcon, disait, les yeux brûlés de rages :
« J'ai du génie, enfin : nulle ne veut m'aimer ! »

4. POSITIONS DE LECTURE

A. RÉSISTANCES

MARCEL PROUST, « CONTRE L'OBSCURITÉ »

En 1896, dans les colonnes de *La Revue blanche*, Proust réfutait les divers arguments avancés par les symbolistes pour justifier l'obscurité en poésie. Mallarmé, indirectement visé, rendit la monnaie de sa pièce au jeune polémiste (sans davantage le nommer) dans son article sur *Le Mystère dans les lettres* (*Div.*, p. 273-280).

[...] [J']arrive à l'argument le plus souvent invoqué par les poètes obscurs en faveur de leur obscurité, à savoir le désir de protéger leur œuvre contre les atteintes du vulgaire. Ici le vulgaire ne me semble pas être où l'on pense. Celui qui se fait d'un poème une conception aussi naïvement matérielle pour croire qu'il peut être atteint autrement que par la pensée et le sentiment (et si le vulgaire pouvait l'atteindre ainsi il ne serait pas le vulgaire), celui-là a de la poésie l'idée enfantine et grossière qu'on peut précisément reprocher au vulgaire. Cette précaution contre les atteintes du vulgaire est donc inutile aux œuvres. Tout regard en arrière vers le vulgaire, que ce soit pour le flatter par une expression facile,

Marcel Proust, « Contre l'obscurité », recueilli par Olivier Barrot et Pascal Ory dans *La Revue blanche*, UGE, 10/18, 1989, p. 69-70.

que ce soit pour le déconcerter par une expression obscure, fait à jamais manquer le but à l'archer divin. Son œuvre gardera impitoyablement la trace de son désir de plaire ou de déplaire à la foule, désirs également médiocres, qui raviront, hélas, des lecteurs de second ordre...

GUSTAVE LANSON : MALLARMÉ,
UN « ARTISTE INCOMPLET »

L'échec-de-Mallarmé a trouvé sous la plume de Lanson sa formulation la plus dogmatique. Ce lieu commun aura la vie dure.

Mallarmé, qui a exercé par sa conversation, paraît-il exquise, une action considérable, est un artiste incomplet, qui n'est pas arrivé à s'exprimer.

Peut-être pourtant est-ce moins la puissance de s'exprimer qui lui a manqué, que le sentiment fin des possibilités et des limites du langage. Il crut qu'on pouvait faire de la poésie pure, réduire les mots à n'être que des sons musicaux producteurs d'émotion, évocateurs d'images, et les dépouiller de leur sens intelligible, banal à ses yeux, parce qu'il était usuel. Il s'imagina pouvoir se passer aussi de la structure qu'imposent à la phrase la logique et la grammaire, et assembler les mots uniquement selon le rythme qui chantait en lui et les associations qu'ils formaient spontanément. Il se refusa à présenter sa sensibilité par ce qu'elle avait de commun et de semblable, et il chercha en lui pour le traduire dans son art ce qu'il avait de plus incommunicablement individuel. Une pareille tentative était condamnée à échouer. Il restera de sa dernière manière, la seule par laquelle il comptera dans l'histoire de la poésie, des vers isolés qui prennent une beauté singulière, lorsqu'ils apparaissent au milieu d'un commentaire qui les illumine.

Gustave Lanson, *Histoire de la littérature française*, Hachette, p. 1129.

PAUL CLAUDEL, « LA CATASTROPHE D'IGITUR »

Ponge et Sollers jugeront scandaleuse l'interprétation par Claudel de la poétique mallarméenne. L'abaissement des *Poésies* post-parnassiennes au rang de « bibelots poussiéreux » satisfait au même renoncement que « l'injure d'obscurité » récusée par Mallarmé : il dispense trop commodément de les lire.

Au moment où dans l'œuvre de Mallarmé [...] la prose succède au vers et où avec l'émotion religieuse la sève poétique s'est réfugiée dans d'autres canaux — car après *Hérodiade* il faut bien convenir qu'il n'y a plus que des bibelots poussiéreux —, le reclus du cabinet des Signes que j'ai essayé de décrire tout à l'heure a fait une découverte qui va lui permettre de rentrer dans la vie, découverte immense et qui d'ailleurs restera stérile entre ses mains, comme le téléphone, la photographie et le kinétoscope qui n'ont d'abord été que des joujoux. Jusqu'à Mallarmé, pendant tout un siècle depuis Balzac, la littérature avait vécu d'inventaires et de descriptions : Flaubert, Zola, Loti, Huysmans. Mallarmé est le premier qui se soit placé devant l'extérieur, non pas comme devant un spectacle, ou comme un thème à devoirs français, mais comme devant un texte, avec cette question : *Qu'est-ce que ça veut dire ?*

Question qui pour lui d'ailleurs comportait non pas une réponse, non pas une explication, mais une authentification par le moyen de cette abréviation incantatoire qu'est le Vers, comme le savant dit qu'il a expliqué un phénomène quand il en a fourni un dessin schématique. [...] Mallarmé a toujours tenu que l' « explication » du monde, soit par le Vers, soit, autant que j'ai pu le comprendre au cours de nos rares conversations, par une sorte d'énonciation scénique ou de programme auquel la musique et la danse auraient servi de commentaire, soit par

Paul Claudel, « La catastrophe d'Igitur » (1926), in *Œuvres en prose*, Gallimard, Bibliothèque de la Pléiade, 1965, p. 511-512.

le livre et cette espèce d'équation typographique qu'il a réalisée dans le *Coup de dés*, était une chose possible. Mais au devant de cette possibilité, il n'y eut plus désormais à sa place qu'une ballerine de l'Opéra avec son écharpe de gaze, elle-même impersonnellement gaze, élusion et sourire. Et en effet si ce monde autour de nous tel quel est la seule réalité, si l'explication que nous pouvons en trouver n'est qu'une mimique et non pas une clef, à quoi bon se fatiguer à sortir de nos ressources poétiques un double vain ? [...]

Soit ! Mais l'aventure d'Igitur est terminée et avec la sienne celle de tout le XIXe siècle. Nous sommes sortis de ce fatal engourdissement, de cette attitude écrasée de l'esprit devant la matière, de cette fascination de la quantité. Nous savons que nous sommes faits pour dominer le monde et non pas le monde pour nous dominer. Le soleil est revenu au ciel, nous avons arraché les rideaux et nous avons envoyé par la fenêtre l'ameublement capitonné, les bibelots de bazar et le « pallide buste de Pallas ». Nous savons que le monde est en effet un texte et qu'il nous parle, humblement et joyeusement, de sa propre absence, mais aussi de la présence éternelle de quelqu'un d'autre, à savoir son Créateur.

FRANCIS PONGE/PHILIPPE SOLLERS :
CONTRE L'« ÉCHEC-DE-MALLARMÉ »

Gifle à Claudel et quelques autres...

Philippe Sollers : Dès 1926 [...], une note de vous fait justice immédiatement de toutes les interprétations classicistes de Mallarmé, en même temps que des jugements régressifs : je pense ici, par exemple, à Claudel qui parle de « l'échec » de Mallarmé dans un texte au titre symptomatique : *La Catastrophe d'Igitur*. C'est là un propos absolument scandaleux. Eh bien ! je crois qu'en effet, nous en

Entretiens de Francis Ponge avec Philippe Sollers, Gallimard/Seuil, 1970, p. 32-35.

sommes, en ce qui concerne Mallarmé, toujours là ; il est toujours question de stérilité, d'impuissance, d'échec, c'est-à-dire que la société chrétienne et bourgeoise a une manière d'échouer devant la lecture de ces textes qui me paraît justement ne pas être votre fait, et cela lié à votre écriture même.

Francis Ponge : Oui, parfaitement. J'ai beaucoup évoqué et cité Lautréamont jusqu'à présent. Il faut maintenant faire place à Mallarmé, qui a eu beaucoup d'importance pour moi. À propos de ces deux écrivains, qui sont, comme Rimbaud, comme d'autres, définitivement classés dans les manuels, dans les histoires de la littérature, dans les collections, comme « poètes », eh bien ! je voudrais faire remarquer qu'en fait, ce qui subsiste d'eux, c'est surtout ce qu'ils ont pu écrire en prose. […]

Pour ce qui concerne Mallarmé, il est clair [que dans ma jeunesse] on ne donnait à lire que le recueil de poésies de Mallarmé, en accordant, d'ailleurs, la plus grosse importance, une importance très exagérée, à l'intérieur de ce recueil de poésies, aux premiers poèmes, aux poèmes baudelairiens, ceux que Mallarmé a quasi désavoués par la suite et, ensuite, aux textes comme les *Éventails*, les petits textes qui ont le caractère de bibelots. Alors qu'il s'avère de plus en plus que les textes les plus importants de Mallarmé, qui désavouent cette classification, et plus encore les jugements sur son « échec », eh bien ! ce sont les textes en prose, comme naturellement d'abord le *Coup de dés*, *Igitur*, et ensuite, et surtout, à mon avis, les *Divagations*.

Si on appelle *échec*, l'échec de Mallarmé quant à avoir fait le *Livre* dont il rêvait, et si on le taxe de stérilité, etc., comme on l'a fait, eh bien ! c'est parce qu'on a tendance à mettre presque à la hauteur de son œuvre et quelquefois même plus haut qu'elle, des « réussites » — ah ! ah ! ah ! comme les grands poèmes de Valéry.

Vous avez dit de Claudel ce qu'il fallait dire, en ce qui concerne son jugement scandaleux sur Mallarmé. Quant à moi, qui admire profondément l'œuvre poétique de Claudel, qui lui suis profondément reconnaissant d'avoir eu lieu, je voudrais dire que les poésies de Valéry me paraissent ce que j'ai déjà dit dans le petit texte sur Mallarmé que vous avez cité, qui est de 1926, à savoir que là où Mallarmé me fait l'effet d'un cristal (enfin ! je ne sais pas si un cristal est réussi ou non ; pour moi, il l'est) eh bien, Valéry me fait l'effet du verre soufflé [...].

B. L'EXPÉRIENCE DE MALLARMÉ

Le mot d'*expérience* est l'un des plus récurrents lorsqu'il s'agit de cerner la démarche mallarméenne. Quelle « expérience » et de quoi ? Le sens de « l'acte d'écrire », disait Mallarmé, est inexprimable (*C.L.*, p. 640). Cet « inexprimable », Sartre, Blanchot, Sollers le situent tour à tour dans le cadre d'une théologie négative, d'une affirmation de la puissance performatrice du langage ou d'une contestation de la littérature par l'écriture.

JEAN-PAUL SARTRE

Expérience 1 : la poésie comme autodévoilement destructeur.

Un poète qui réalise sa propre mort dans sa poésie ne saurait être un pur « formaliste ». Le thème de *tous* [les] poèmes [de Mallarmé] (on pourrait dire, sans paradoxe : *même* des vers de circonstance), c'est la Poésie. Comment pourrait-il en être autrement puisque nous sommes au temps de la Poésie critique qui est à soi-même son propre objet. Mais comme l'intuition critique — si l'on peut oser cette alliance de termes — révèle à la Poésie sa propre impossibilité, le thème « esthétique » du poème se confond avec le thème humain de *l'impossibilité*

Jean-Paul Sartre, *Mallarmé. La lucidité et sa face d'ombre*, op. cit., 1986, p. 162-163.

d'être homme. Le sujet du poème-suicide est en général le suicide de la Nature comme allusion à l'acte tragique par excellence, au suicide de l'homme. En ce sens Mallarmé lui-même est aussi présent qu'un lyrique à ses poèmes, mais pas de la même façon. Son dégoût, son exil, son impuissance, son désespoir et son suicide sont toujours *représentés* dans sa poésie. Seulement, c'est dans la mesure exacte où son aventure personnelle est une allusion à l'aventure humaine. Pas plus qu'il ne se soucie désormais de l'origine empirique de son inspiration, il n'aura lieu de mépriser son origine personnelle et sa naissance selon la chair. Il est vrai qu'il est un produit du hasard et de l'hérédité [...]. Mais la longue chaîne de poètes qui aboutit à lui le désigne justement comme le prophète qui doit faire éclater la contradiction humaine. Il est *l'élu.* En lui la Poésie se connaît et se détruit par les poèmes qu'elle lui inspire. Il refait systématiquement le chemin qui conduit de l'aveugle matière à l'homme moderne ; il tente de recomposer systématiquement sa sensibilité mais c'est seulement pour qu'elle soit purifiée de tout l'accidentel et qu'elle joue, au plus pur de lui-même, éternellement le drame sacré de l'échec et de la mort.

MAURICE BLANCHOT

Expérience 2 : la poésie comme affirmation du langage dans son pouvoir d'éluder le monde.

Il semble que l'expérience propre de Mallarmé commence au moment où il passe de la considération de l'œuvre faite, celle qui est toujours tel poème particulier, tel tableau, au souci par lequel l'œuvre devient la recherche de son origine et veut s'identifier avec son origine, « vision horrible d'une œuvre pure ». Là est sa profondeur, là le souci qu'enveloppe, pour lui, « le seul acte d'écrire ». Qu'est-ce que l'œuvre ? Qu'est-ce que le langage dans

Maurice Blanchot, *L'Espace littéraire*, Gallimard, Idées, 1955, p. 39-41.

l'œuvre ? Quand Mallarmé se demande : « Quelque chose comme les Lettres existe-t-il ? », cette question est la littérature même, elle est la littérature quand celle-ci est devenue le souci de sa propre essence [...]

Mallarmé a eu de la nature propre de la création littéraire le sentiment le plus profondément tourmenté. L'œuvre d'art se réduit à l'être. C'est là sa tâche, être, rendre présent « ce mot même : *c'est* »... « tout le mystère est là ». Mais, en même temps, l'on ne peut pas dire que l'œuvre appartienne à l'être, qu'elle existe. Au contraire, ce qu'il faut dire, c'est qu'elle n'existe jamais à la manière d'une chose ou d'un être en général. Ce qu'il faut dire, en réponse à notre question, c'est que la littérature n'existe pas ou encore que si elle a lieu, c'est comme quelque chose « n'ayant pas lieu en tant que d'aucun objet qui existe ». Assurément, le langage y est présent, y est « mis en évidence », s'y affirme avec plus d'autorité qu'en aucune autre forme de l'activité humaine, mais il s'y réalise totalement, ce qui veut dire qu'il n'a aussi que la réalité du tout : il est tout — et rien d'autre, toujours prêt à passer de tout à rien. Passage qui est essentiel, qui appartient à l'essence du langage, car précisément rien est au travail dans les mots. Les mots, nous le savons, ont le pouvoir de faire disparaître les choses, de les faire apparaître en tant que disparues, apparence qui n'est que celle d'une disparition, présence qui, à son tour, retourne à l'absence par le mouvement d'érosion et d'usure qui est l'âme et la vie des mots, qui tire d'eux lumière par le fait qu'ils s'éteignent, clarté de par l'obscur. Mais, ayant ce pouvoir de faire se « lever » les choses au sein de leur absence [...], les mots ont aussi pouvoir d'y disparaître eux-mêmes, de se rendre merveilleusement absents au sein du tout qu'ils réalisent, qu'ils proclament en s'y annulant, qu'ils accomplissent éternellement en s'y détruisant sans fin, acte d'autodestruction, en tout semblable à l'événement si étrange du suicide [...]

PHILIPPE SOLLERS

Expérience 3 : l'écriture comme traversée des limites.

L'expérience de Mallarmé, semblable à la fois et contraire à celle de Dante (« La destruction fut ma Béatrice », écrit-il dans une de ses lettres), peut être définie brièvement comme une action créatrice et critique portant sur la symbolique du livre (de la fin du livre et de son absence) et de l'écriture : ce symbolisme, longtemps éclipsé, semble resurgir avec lui d'une façon renversée et neuve. Cela ne veut pas dire que le terme de « symboliste » qui est en général réservé à une catégorie de poètes français mineurs lui convienne le moins du monde. « Symboliste » est devenu péjoratif, s'agissant de littérature, et à juste titre, évoquant aussitôt un aspect désuet, renfermé, idéalisant, littéraire dans le plus mauvais sens du mot, un aspect de décadentisme esthétique, bref ce que beaucoup, par une sorte de malentendu volontaire, s'acharnent encore à retrouver chez Mallarmé en détachant de ses poèmes des fragments où ces défauts sont visibles. Il est bien évident que cette attitude ne va pas sans mauvaise foi, une mauvaise foi d'ailleurs partagée en face, si l'on peut dire, par ceux qui voudraient positivement réduire Mallarmé à une situation « poétique », à faire de lui un poète, tourmenté sans doute, mais un poète. Or Mallarmé ne nous semble pas réductible au type de culture qui continue de se donner libre cours dans notre société et qui profite encore de classifications périmées. Bien au contraire, il est pour nous un des expérimentateurs de « cette pression impétueuse de la littérature qui ne souffre plus la distinction des genres et veut briser les limites » [Blanchot], pression dont nous avons à comprendre la signification et le but, les

Philippe Sollers, *Logiques*, Seuil, 1968, p. 98-99.

moyens et la fin énigmatique ; brisure et débordement qui s'adressent à nous si nous renonçons à les figer dans une pensée qui s'est trouvée à ce moment transformée et niée. Là où certains voient ainsi un « échec », une fin, un côté exténué, précieux et crépusculaire, nous pressentons au contraire un recommencement, un appel, quelque chose d'inflexible, l'inconnu et le risque mêmes.

C. MULTIPLICITÉS DU TEXTE

GASTON BACHELARD

La mobilité du poème mallarméen, mobilité de l'imaginaire plus que des idées, appelle à une égale mobilité de la lecture.

À un philosophe qui se donne pour tâche d'analyser l'imagination littéraire en déterminant les *matières* poétiques des images et les *mouvements* divers de l'inspiration, l'œuvre de Mallarmé pose des énigmes innombrables. Ce rare poète, en effet, a refusé les séductions premières de la *substance* cachée dans les mots ; il a résisté à *l'entraînement* des forces de conviction poétique. Pour lui, la poésie doit être une rupture de toutes nos habitudes, et d'abord de nos habitudes poétiques. Il en résulte un mystère qu'on étudie mal si on le juge du point de vue des idées : on dit alors que Mallarmé est obscur. Un thème mallarméen n'est pas un mystère de l'idée ; c'est un miracle du mouvement. Il faut que le lecteur se prépare dynamiquement pour en recevoir la révélation active, pour un y gagner une nouvelle expérience de la plus grande des mobilités vivantes : la mobilité imaginaire.

Le jeu des antithèses chez Victor Hugo explicite un manichéisme moral assez simple. Chez Villiers de l'Isle-Adam, la dialectique des contraires, que le poète croit hégélienne, règne sur des idées, sur des formes. Chez Mallarmé, la dialectique règne sur des

Gaston Bachelard, « La dialectique dynamique de la rêverie mallarméenne », in *Le Droit de rêver*, PUF, 1983, p. 157-158.

mouvements ; elle s'anime au centre même des mouvements inspirés. Dans une œuvre mallarméenne, le mouvement poétique, toujours, reflue sur lui-même. Pas d'élan sans retenue, pas de retenue sans aspiration. Une lecture superficielle — une lecture inerte — donne à croire que le poète hésite : au contraire, il vibre. Mais non point de cette vibration désordonnée qui fait écho à toutes les joies de la terre, non point de cette vibration massive que soulèvent l'émotion morale ou la passion. Il veut trouver un rythme à la fois plus profond et plus libre, une vibration ontologique. En l'âme du poète, c'est l'*être* même qui vient croître et diminuer, s'ouvrir et se fermer, descendre et monter — descendre profondément pour éprouver, doucement, un élan savamment ingénu qui ne doit rien aux forces de la terre.

Le « pli » constitue la figure générale et génératrice de l'écriture mallarméenne : figure de l'unité dans la dualité, du pluriel dans le singulier, de l'ouverture dans la fermeture — et vice versa, ce renversement toujours possible étant justement ce que le pli désigne en l'effectuant. Richard, Derrida et Deleuze le font valoir jusque dans l'enchevêtrement de leurs interprétations : thématisé ou formalisé, le pli vaut chez Mallarmé pour tout « ébat » du texte.

JEAN-PIERRE RICHARD

Définition 1 : le pli, un thème mallarméen et une dynamique.

Il nous faut [...] rendre ici compte de cette obsession du *repliement*, qui doit d'ailleurs toujours selon Mallarmé nous préparer à un *éploiement* futur, « vol recueilli, mais prêt à s'élargir ». Tout le pouvoir spirituel ou amoureux du pli tient sans doute au fait que les deux parois de l'objet replié possèdent une seule existence continue. Le pli constitue la charnière à partir de laquelle cette paroi unique pourra

Jean-Pierre Richard, *L'Univers imaginaire de Mallarmé*, Seuil, 1961, p. 178-179.

se diviser faussement et se rabattre, afin de coïncider pleinement avec elle-même. Chaque plan de l'objet replié épouse alors absolument le plan qui lui fait face, et qui en même temps le continue. Le pliage établit ainsi, d'une paroi à l'autre, un contact sans intermédiaire. Le moi non seulement s'y réfléchit lui-même, mais il s'y touche, s'y fond avec lui-même en une adhérence parfaite. Dans l'objet replié, — livre, lit, aile d'oiseau, — l'espace intime s'annule en somme à force d'intimité : aucune distance n'y sépare plus, comme dans le miroir, le moi de son image ; la vie alternative du regard s'y arrête en un point immobile, ou plutôt s'y étale en une double surface palpitante. Chaque face du pli est à la fois un moi et un miroir du moi, un *même* différent qui adhère immédiatement au même, à lui-même. Dans l'intériorité intimisée le pliage de la conscience réalise donc les conditions d'une sorte d'auto-connaissance concrète et « sans chemin », d'une intuition à la fois médiate et immédiate de soi-même.

JACQUES DERRIDA

Définition 2 : le pli, condition d'impossibilité du thème et condition de possibilité de l'écriture.

Richard voit dans le « blanc » et dans le « pli » des thèmes d'une plurivalence particulièrement féconde ou exubérante. Ce qu'on ne voit pas, dans l'abondance de son relevé, c'est que ces effets de texte sont riches par une pauvreté, je dirais presque une monotonie très singulière, très régulière aussi. On ne le voit pas parce qu'on croit voir des thèmes au lieu où le non-thème, ce qui ne peut devenir thème, cela même qui n'a pas de sens, se re-marque sans cesse, c'est-à-dire disparaît.

Dans un mouvement d'éventail. La polysémie des « blancs » et des « plis » se déploie et se reploie en éventail. Mais lire l'*éventail* mallarméen, ce n'est pas

Jacques Derrida, *La Dissémination*, Seuil, 1972, p. 282-283.

seulement dresser l'inventaire de ses occurrences (des centaines, un nombre très grand mais fini si l'on s'en tient au mot entier, une infinité éparse si l'on y reconnaît la figure morcelée d'ailes, de papier, de voiles, de plis, de plumes, de sceptres, etc., se reconstituant sans cesse dans un souffle d'ouverture et/ou de fermeture), ce n'est pas seulement décrire une structure phénoménologique dont la complexité aussi est un défi ; c'est remarquer que l'éventail se re-marque : il désigne sans doute l'objet empirique qu'on croit connaître sous ce nom, puis, par un mouvement tropique (analogie, métaphore, métonymie) il se tourne vers toutes les unités sémiques qu'on a pu identifier (aile, pli, plume, page, frôlement, vol, danseuse, voile, etc., chacune se ployant, ouvrant/fermant encore en éventail, etc.), l'ouvre et le referme, certes, mais y inscrit *de surcroît* le mouvement et la structure de l'éventail comme texte, déploiement et reploiement de toutes ces valences, espacement, pli et hymen *entre* tous ces effets de sens, écriture les mettant en rapport de différence et de ressemblance.

GILLES DELEUZE

Définition 3 : le pli, un « acte opératoire » et une disposition baroque.

Le pli est sans doute la notion la plus importante de Mallarmé, non seulement la notion, mais plutôt l'opération, l'acte opératoire qui en fait un grand poète baroque. *Hérodiade* est déjà le poème du pli. Le pli du monde, c'est l'éventail ou « l'unanime pli ». Et tantôt l'éventail ouvert fait descendre et monter tous les grains de matière, cendres et brouillards à travers lesquels on aperçoit le visible comme par les trous d'un voile, suivant les replis qui laissent voir la pierre dans l'échancrure de leurs inflexions, « pli selon pli » révélant la ville, mais aussi bien en

Gilles Deleuze, *Le Pli. Leibniz et le baroque*, Éditions de Minuit, 1988, p. 43.

révèle l'absence ou le retrait, conglomérat de poussières, collectivités creuses, armées et assemblées hallucinatoires. À la limite, il appartient au côté sensible de l'éventail, il appartient au sensible lui-même de susciter la poussière à travers laquelle on le voit, et qui en dénonce l'inanité. Mais tantôt aussi, de l'autre côté de l'éventail maintenant fermé (« le sceptre des rivages roses... ce blanc vol fermé que tu poses... »), le pli ne va plus vers une pulvérisation, il se dépasse ou trouve sa finalité dans une inclusion, « tassement en épaisseur, offrant le minuscule tombeau, certes, de l'âme ». Le pli est inséparable du vent. Ventilé par l'éventail, le pli n'est plus celui de l'âme dans laquelle on lit, « plis jaunes de la pensée », le Livre ou la monade aux multiples feuillets. Voilà qu'il contient tous les plis, puisque la combinatoire de ses feuillets est infinie ; mais il les inclut dans sa clôture, et toutes ses actions sont internes. Ce ne sont pas deux mondes, pourtant : le pli du journal, poussière ou brume, inanité, est un pli de circonstance qui doit avoir son nouveau mode de correspondance avec le livre, pli de l'Événement, unité qui fait être, multiplicité qui fait inclusion, collectivité devenue consistante.

5. EFFETS MALLARMÉ

A. HOMMAGES ET CLINS D'ŒIL

ALFRED JARRY : L'ILE DE PTYX

Le Dr Faustroll, dans son voyage de « Paris à Paris par mer », visite les îles successives d'un archipel qui n'est autre, dans sa dispersion même, que l'espace littéraire à l'époque symboliste. Parmi les rivages auxquels il aborde, ceux de l'« île de Ptyx » où l'accueille un Maître bienveillant.

DE L'ÎLE DE PTYX

À Stéphane Mallarmé.

L'île de Ptyx est d'un seul bloc de la pierre de ce nom, laquelle est inestimable, car on ne l'a vue que dans cette île, qu'elle compose entièrement. Elle a la translucidité sereine du saphir blanc, et c'est la seule gemme dont le contact ne se morfonde pas, mais dont le feu entre et s'étale, comme la digestion du vin. Les autres pierres sont froides comme le cri des trompettes ; elle a la chaleur précipitée de la surface des timbales. Nous y pûmes aisément aborder, car elle était taillée en table et crûmes prendre pied sur un soleil purgé des parties opaques ou trop miroitantes de sa flamme, comme les antiques lampes ardentes. On n'y percevait plus les accidents des choses, et c'est pourquoi nous ne nous inquiétâmes point si la surface irréprochable était d'un liquide équilibré selon des lois éternelles, ou d'un diamant impénétrable, sauf à la lumière qui tombe droit.

Le seigneur de l'île vint vers nous dans un vaisseau : la cheminée arrondissait des auréoles bleues derrière sa tête, amplifiant la fumée de sa pipe et l'imprimant au ciel. Et au tangage alternatif, sa chaise à bascule hochait des gestes de bienvenue.

Il tira de dessous son plaid quatre œufs, à la coque peinte, qu'il remit au docteur Faustroll, après boire[1]. À la flamme de notre punch l'éclosion des germes ovales fleurit sur le bord de l'île : deux colonnes distantes, isolement de deux prismatiques trinités de tuyaux de Pan, épanouirent au jaillissement de leurs corniches la poignée de mains quadridigitales des quatrains du sonnet ; et notre as berça son hamac dans le reflet nouveau-né de l'arc

Alfred Jarry, *Gestes et opinions du docteur Faustroll, pataphysicien*, in *Œuvres complètes*, I, Gallimard, Bibliothèque de la Pléiade, 1972, p. 685-686.

---

1. *Les Vers de circonstance* (*V.D.C.*, p. 127-129) recueillent plusieurs quatrains à caractère combinatoire, chacun des vers qui les composent ayant été inscrit sur la coque d'un œuf. Le jeu des permutations autorisait donc la production de seize quatrains différents.

de triomphe. Dispersant la curiosité velue des faunes et l'incarnat des nymphes désassoupies par la mélodieuse création, le vaisseau clair et mécanique recula vers l'horizon de l'île son haleine bleutée, et la chaise hochante qui saluait adieu *.

* Le fleuve autour de l'île s'est fait, depuis ce livre, couronne mortuaire. [Note de Jarry.]

FÉLIX FÉNÉON : « LE SECRET
D'UNE LOCUTION PROVINCIALE »

Fénéon, journaliste, fait-diversier, critique d'art, donnait Mallarmé pour « issu des amours tératologiques de Mademoiselle Sangalli, du Père Didon et de l'illustre Sapeck[1] ». La page qui suit pourrait en tout cas être cosignée par Mallarmé et Alphonse Allais.

[Cette locution] date de quarante ans. Alors paraissait à Paris la *Vogue*. Par jeu ou pour complaire à un écrivain de ses amis qui, avec Gustave Kahn, Jules Laforgue et Charles Henry, rédigeait cette revue symboliste, le jovial Dr Ferroul, maire et député socialiste de Narbonne, s'était ingénié à faire souscrire des abonnements aux gens de sa clientèle médicale et politique. De sorte que la *Vogue* avait un double public : à travers l'Europe, les lettrés les plus huppés, petit nombre, et bizarrement, dans un coin du Languedoc, un dense contingent de vignerons et de tonneliers pour qui elle était lettre close.

Et voici qu'en tête du numéro du 13 juin 1886 parut un sonnet inédit de Stéphane Mallarmé, le sonnet qui débute par « M'introduire dans ton histoire » pour finir par « Du seul vespéral de mes chars ». L'hermétique poème intrigua ces Narbonnais considérablement. Ce soir-là, au café, on ne

Félix Fénéon, *Œuvres plus que complètes*, Genève, Droz, 1970, p. 483-484.

1. F. Fénéon, *Œuvres plus que complètes*, Genève, Droz, 1970, p. 544.

parla pas d'autre chose. D'emblée le dernier vers s'était gravé dans les mémoires. Dès le lendemain on ne disait plus d'un événement ou d'un spectacle insolite : « C'est épatant », mais : « C'est très vespéral de mes chars. » La *Vogue* cessa de paraître. Le point de départ du dicton s'évanouit dans le passé. Cependant le dicton lui-même persistait, condensé en un groupe de syllabes rituelles ; et aujourd'hui encore, devant quelque prodige, paysans, ouvriers, marins de Cuxac, Ginestas, Capendu, Marcorignan, Capestang ou la Nouvelle se frappent la cuisse et tonitruent : « Spéral-demé-char ! » Ainsi s'était « de plusieurs vocables refait un mot total, neuf, étranger à la langue et comme incantatoire ». Que n'a-t-il su, Mallarmé, qu'un phénomène par lui si bien défini s'était populairement réalisé en son honneur.

B. PASTICHES ET BRICOLAGES

PAUL REBOUX ET CHARLES MÜLLER : SONNET À LA MANIÈRE DE MALLARMÉ

L'écriture mallarméenne a fait les délices des faiseurs de pastiches. Reboux et Müller, orfèvres en la matière, n'y ont pas résisté, proposant de surcroît, en guise de « glose », une « traduction française » du sonnet concocté par eux. Difficile ici, et c'est tout l'art du pastiche, de mesurer les parts respectives de l'hommage et de la dénonciation. Comme de savoir qui, de Mallarmé ou de ses exégètes académiques, ces pasticheurs du sens, est le plus directement visé.

Quand le vaticinant erratique, au larynx
Dédaléen, divague en sa tant dédiée
Et de l'Absent manie avant tout radiée
Pour de l'insaisissable animer la syrinx,

Paul Reboux et Charles Müller, *À la manière de...* (1907), Grasset, Le Livre de poche, 1964, p. 209. D.R.

Ô n'être qu'aboli le mystère du sphinx
Par qui du clair-obscur l'âme est congédiée !
Ô chevaucher, vers la victoire irradiée,
Aveugle, et de ses yeux exorbités, le lynx !

Hypogéenne telle énigme la Pythie
Ambage non pas un d'où l'inconnu dévie,
J'ai de l'impénétrable approfondi l'azur,

Et ténébral sitôt hieroglyphique cygne
Qu'obstructif en son vide ombre un deleatur
J'offusque, triomphal, le néant qui m'assigne.

ISIDORE ISOU, « SONNET »

Nulle intention parodique chez Isou, le chef de file du mouvement lettriste, mais plutôt un effort de relance rythmique, tirant moins parti des signifiants littéraux de *Salut* que de leur espacement approximatif. En deçà des mots, ce sont ici les lettres et les sons qui prennent l'initiative, au point de transporter le texte-source dans une sorte de langue étrangère, faite des débris ou des épaves d'un autre langage.

Dianne dé décume dierge naî
A ne dédianne que ha goupe
Telle hoan se voa viroupe
Seliloanne sanle à lanlaî

Noou havigon oh nivaï
Hanlé ! hoa déda dela houpe
Youss dassayan sastueux syoupe
Le slo lo slo édiha édihaî.

Une Bigrello dello dangage
Danne deindre denne yangage
De horlère hali de yali

Dalutude, dalutude, dédoile
Aî nimportebi défali,
Leblande goale de horle yoale

Isidore Isou, « Quinze poèmes qui prouvent la diversité du lettrisme », in *Revue lettriste*, 1959. Recueilli par J.-P. Curtay, *La Poésie lettriste*, Seghers, 1974, p. 192. D.R.

RAYMOND QUENEAU, « HAÏ-KAÏSATION »

Le sonnet, disait Mallarmé, est « un grand poème en petit ». Et l'appareil de ses rimes, ajouterait Queneau, un autre poème en modèle encore plus réduit. Le traitement oulipien réservé ici à deux sonnets mallarméens n'est « restrictif » qu'en apparence puisqu'il libère, en la portant à son plus haut degré d'intensité, l'énergie symbolique stockée dans leurs sections rimantes.

Soit un sonnet de Mallarmé :

Le vierge, le vivace et le bel aujourd'hui
[...]

Je vais procéder à un haï-kaïsation de ce sonnet, c'est-à-dire que je vais l'effacer en ne conservant que les sections rimantes ; ou bien encore, pour employer un langage mathématique, je vais considérer une restriction de ce poème à ses sections rimantes. (Je me permettrai d'y ajouter une ponctuation subjective.)

Aujourd'hui
Ivre,
le givre
pas fui !

Lui,
se délivre...
où vivre ?
L'ennui...

Agonie
le nie,
pris,

assigne
mépris
le Cygne.

Raymond Queneau, *Bâtons, chiffres et lettres*, Gallimard, 1965, p. 334-338.

Quel intérêt ? Primo, j'obtiens un nouveau poème qui, ma foi, n'est pas mal et il ne faut jamais se plaindre si l'on vous offre de beaux poèmes. Secundo on a l'impression qu'il y a presque autant dans la restriction que dans le poème entier ; c'est pourquoi j'ai parlé de redondance. Tertio : sans aller jusqu'à cette limite sacrilège, on peut au moins dire que cette restriction éclaire le poème primitif ; elle n'est pas dépourvue de valeur exégétique et peut contribuer à son interprétation. [...]

Tous les poèmes ne sont pas haï-kaïsables, c'est-à-dire tout poème ne se laisse pas traiter — ou maltraiter ainsi. Tout poème ne résiste pas à un pareil traitement. L'explication en est simple, je crois ; chez Mallarmé et particulièrement dans les sonnets de Mallarmé, chaque vers est un petit monde, une unité dont le sens vient en quelque sorte s'accumuler dans la section rimante, tandis que chez Racine ou Victor Hugo, plus encore chez Molière ou Lamartine, le sens court en quelque sorte à travers les rimes et ne s'y attarde pas, on ne peut l'y recueillir. [...] On remarquera que, si l'haï-kaïsation est une restriction, l'extension du « haï-kaï » n'est autre chose que le bout-rimé.

III. BIBLIOGRAPHIE SÉLECTIVE

1. TEXTES DE MALLARMÉ

Œuvres complètes, éd. H. Mondor et G. Jean-Aubry, Gallimard, Bibliothèque de la Pléiade, 1945 (en attendant l'édition nouvelle procurée dans la même collection, en 2 volumes, par B. Marchal).

Poésies, tome I des *Œuvres complètes*, éd. C. P. Barbier et Ch. G. Millan, Flammarion, 1983 (édition précieuse, présentant les textes chronologiquement et dans leurs versions successives avec un important appareil critique placé en regard).

Poésies, éd. B. Marchal, Poésie/Gallimard, 1992.

Igitur, Divagations, Un coup de dés, éd. Y. Bonnefoy, Poésie/Gallimard, 1976.

Un coup de dés jamais n'abolira le hasard, éd. M. Ronat, Paris, Change errant/d'atelier, 1980.

La Dernière Mode, édition photographiée d'après l'original, Ramsay, 1978.

Le « Livre » de Mallarmé, éd. J. Scherer, Gallimard, 1977.

Les Noces d'Hérodiade. Mystère, éd. G. Davies, Gallimard, 1959.

Pour un tombeau d'Anatole, éd. J.-P. Richard, Seuil, 1961.

Les « Gossips » de Mallarmé. « Athenaeum », 1875-1876, textes présentés et annotés par H. Mondor et L. J. Austin, Gallimard, 1962.

Épouser la Notion (ensemble de seize feuillets inédits présentés par J.-P. Richard), Fontfroide, Fata Morgana, 1992.

Correspondance, éd. H. Mondor et J.-P. Richard (tome I) puis Lloyd James Austin (tomes II-XI), Gallimard, 1959-1985.

Correspondance. Lettres sur la poésie, éd. B. Marchal, Gallimard, Folio, 1995.

Documents Stéphane Mallarmé, sept livraisons, éd. C. P. Barbier *et al.*, Nizet, 1968-1980 (mine inépuisable ; le tome I donne l'important article *The Impressionists and Édouard Manet*).

2. TRAVAUX CRITIQUES

A. EXÉGÈSES DES *POÉSIES*

Paul Bénichou, *Selon Mallarmé*, Gallimard, 1995.

Charles Chassé, *Les Clefs de Mallarmé*, Aubier, 1954 (l'exemple le plus accompli d'une réduction des textes mallarméens à de dérisoires rébus).

A.R. Chisholm, « *L'Après-midi d'un faune* » *: exégèse et étude critique*, Bruxelles, Jacques Antoine, 1974.

Gardner Davies, *Les Tombeaux de Mallarmé*, Corti, 1950.

—, *Mallarmé et la « couche suffisante d'intelligibilité »*, Corti, 1988.

Émilie Noulet, *L'Œuvre poétique de Stéphane Mallarmé* (1941), Bruxelles, Jacques Antoine, 1974 (vieilli, contestable, mais fondateur).

André Vial, *Mallarmé. Tétralogie pour un enfant mort*, Corti, 1976.

B. LECTURES DES *POÉSIES*

Jean-Louis Backès, *Poésies de Mallarmé*, Hachette, 1973.

Robert Greer Cohn, *Towards the Poems of Mallarmé*, Berkeley-Los Angeles, University of California Press, 1965.

Bertrand Marchal, *Lecture de Mallarmé*, Corti, 1985.

Charles Mauron, *Mallarmé l'obscur* (1941), Corti, 1968.

Jacques Rancière, *Mallarmé. La politique de la sirène*, Hachette, 1996.

C. ÉTUDES PORTANT SUR DIVERS ASPECTS DE L'ŒUVRE

Claude Abastado, *Expérience et théorie de la création poétique chez Mallarmé*, Minard, 1970.

Roger Bellet, *Mallarmé. L'encre et le ciel*, Seyssel, Champ Vallon, 1987.

Leo Bersani, *The Death of Stéphane Mallarmé*, Cambridge University Press, 1982.

Pierre Campion, *Mallarmé. Poésie et philosophie*, PUF, 1994.

Jean-Pierre Lecercle, *Mallarmé et la mode*, Séguier, 1989.

Hans Peter Lund, *L'Itinéraire de Mallarmé*, numéro spécial de *la Revue romane*, Copenhague, Akademisch Forlag, 1969.

Bertrand Marchal, *La Religion de Mallarmé*, Corti, 1988.

Serge Meittinger, *Mallarmé*, Hachette, 1995.

Henri Meschonnic, « Mallarmé au-delà du silence », *in* Mallarmé, *Écrits sur le Livre*, Éditions de l'Éclat, 1985, p. 11-62.

Daniel Oster, *La Gloire*, P.O.L, 1997.

Jean-Pierre Richard, *L'Univers imaginaire de Mallarmé*, Seuil, 1961.

Jean-Paul Sartre, *Mallarmé. La lucidité et sa face d'ombre*, Gallimard, 1986.

André Stanguennec, *Mallarmé et l'éthique de la poésie*, Vrin, 1992.

Albert Thibaudet, *La Poésie de Stéphane Mallarmé*, Gallimard, 1926 (ouvrage véritablement fondateur des études mallarméennes : reste d'une singulière acuité, malgré un langage vieilli).

Pierre-Olivier Walzer, *Essai sur Stéphane Mallarmé*, Seghers, 1963.

D. OUVRAGES PARTIELLEMENT CONSACRÉS À MALLARMÉ

Alain Badiou, *Théorie du sujet*, Seuil, 1982.

Maurice Blanchot, *L'Espace littéraire*, Gallimard, 1955.

Benoît de Cornulier, *Théorie du vers. Rimbaud, Verlaine, Mallarmé*, Seuil, 1982.

Jacques Derrida, *La Dissémination*, Seuil, 1972.

Hugo Friedrich, *Structures de la poésie moderne*, Denoël-Gonthier, 1976.

Gérard Genette, *Mimologiques. Voyage en Cratylie*, Seuil, 1976.

Barbara Johnson, *La Défiguration du langage poétique*, Flammarion, 1979.

Vincent Kaufmann, *Le Livre et ses adresses. Mallarmé, Ponge, Valéry, Blanchot*, Méridiens Klincksieck, 1986.

Julia Kristeva, *La Révolution du langage poétique*, Seuil, 1974.

Jean-Luc Steinmetz, *La Poésie et ses raisons*, Corti, 1990.

3. CHOIX DISCOGRAPHIQUE

Claude Debussy, *Prélude à l'après-midi d'un faune* (Orch. Symph. de Boston, dir. Charles Münch, RCA, ou Orch. New Philarmonia, dir. Pierre Boulez, CBS/Sony).

Maurice Ravel, *Trois poèmes de Stéphane Mallarmé* (Suzanne Danco, soprano, Orch. de la Suisse romande, dir. Ernest Ansermet, Decca).

Pierre Boulez, *Pli selon pli* (Phyllis Bryn-Julson, soprano, BBC Symph. Orch, dir. P. Boulez, Erato).

IV INDEX DES *POÉSIES* ET AUTRES POÈMES COMMENTÉS

À la nue accablante tu, 74, 132, **134-135**, 161, 174, 183, 187-188.
Angoisse, 92.
Apparition, **83-84**.
Aumône, 59-60, 90, 156.
Autre éventail, 60, 63, 68-69, 72, 127, **168-169**, 183.
Au seul souci de voyager, 132, 161, 163 n. 1, 187-188, 198 n. 1.

Billet (à Whistler), **41-42**, 63, 72, 112 n. 1, 153, 161, 178.
Brise marine, 70, 74, **89**, 132.

Cantique de saint Jean, 98, 143 n. 1.
Chansons bas, 41, 64-65, 72, 130, 163 n. 1.

Dame/Sans trop d'ardeur, 161.
Dans le jardin, 114-115.
Don du poème, **61**, 71, 182.

Éventail (de Madame Mallarmé), 60, 68, 71-72, 151, 163-164.
Éventail (de Méry Laurent), 65, 127-128, 179.

Feuillet d'album, 69, 72, 178.

Hérodiade, 66, 68, **95-105**, 106-107, 134.
Hommage (à Wagner), 32-**33**, 70, 124-125, 128, 182.

L'Après-midi d'un faune, 66-68, 71, **105-113**, 136, 155.
L'Azur, 69, 86-88, 153.
L'Enfant prodigue, 87
La chevelure vol d'une flamme à l'extrême, 71, 128, 131-132, 136.

La Colère d'Allah !, 83.
Las de l'amer repos, 70, 74.
Les Fenêtres, 69, 86-88, 90, 92.
Les Fleurs, 90, 96-97.
Le Guignon, 70, 73, 86-88, 90, 92-93, 156.
Le Lierre maudit, 83.
Le Pitre châtié, 87, 90-91.
Le Sonneur, 70, 88, 92.
Le Tombeau d'Edgar Poe, 26-27, 42 n. 1, 65, 102 n. 1, 122, 144, 153-154, 173.
Le Tombeau de Charles Baudelaire, 63, 65, 122, 125, 130, **164-165**.
Le vierge, le vivace et le bel aujourd'hui, 28, 69, 125-126, **144**, 150, 163, 167, 175-176.
Lœda, 83.

M'introduire dans ton histoire, 73, 156 n. 1, 179.
Mes bouquins refermés sur le nom de Paphos, 53-54, 73, 130, 136, 150 n. 1, 154 n. 1.

Pan, 83.
Parce que de la viande était à point rôtie, 161.
Petit air (guerrier), 64.
Petit air I, 64, 68, 72, 126, 128, 132, 167.
Petit air II, 64, 68, 71-72, 126, 132, 136, 149 n. 1, 167, 174, 176, 182 n. 1.
Placet futile, 84, **162**.
Prose (pour des Esseintes), 60-61, 71, 152, **182**.

Quand l'ombre menaça de la fatale loi, 126, 131-132.
Quelle soie aux baumes de temps, 114, 131 n. 1, 136.
Remémorations d'amis belges, 161, 178.
Renouveau, 88.

Sa fosse est creusée !.., 83.
Sainte, 71, **113-121**, 133-134, 173.
Salut, 11, **21**, **52-54**, **59**, 75, 124, 132, 151, 155 n. 1, 187-188.
Ses purs ongles très haut, 70, 125-126, 128-129, 133, 153-154, **184-186**.
Sonnet allégorique de lui-même, 25-26, 105, 114, 131.
Surgi de la croupe et du bond, 69, 72-73, 129, 131, 133.
Sur la tombe de Béranger, 83.
Sur les bois oubliés quand passe l'hiver sombre, 84 n. 1.

Toast funèbre, 66, 71, 121, 136, 153, 155.
Tombeau (de Verlaine), 63, 65, 122-125, 153-154, 167-168.
Toute l'âme résumée, **180-181**, 192-193.
Tout orgueil fume-t-il du soir, 69, 72-73, 129, 131, 133.
Tristesse d'été, 69.

Une dentelle s'abolit, 69, 72-73, 126, 129-131, 133, 136, **170-171**, 174, 183.
Une négresse par le démon secouée, 65, 107.

Victorieusement fui le suicide beau, 69, 154.

TABLE

ESSAI

11 AU SEUIL DES *POÉSIES*

16 I. SITUATIONS

19 1. Le « moment Mallarmé »
22 2. Un texte insituable
28 3. Une époque sous haute tension :
Manet : une question de regard – Wagner : l'exemplarité musicale – Entrée des médias.
41 4. L'espace des *Poésies*.

46 II. ARCHITEXTURES

48 1. Bords : le paratexte liminaire :
Poésies – Bibliographie – De *Salut* à *Mes bouquins refermés*.
54 2. Structures internes : L'Album et le Livre :
L'Album : une économie du don – Le Livre-Album : une « disposition fragmentaire ».
74 3. Une architecture morcelée

75 III. RÉPERTOIRES

75 1. L'obscurité : une « injure » :
Le « sens » et le « trésor » – « Lire – cette pratique » – L'emprise du cliché.
83 2. Genèse :
Palimpsestes : Hugo, Leconte, Baudelaire – *Hérodiade* ou l'érosion du sujet – Le *Faune* ou l'érection de l'écriture – *Sainte* ou la « circonstance éternelle ».

121   3. « Tel qu'en lui-même » :
Retournement du cliché – Retrait du sujet et présence des objets – L'énigme et le soupçon.

139   IV. PROSODIES

141   1. « On a touché au vers » :
Théorie du vers – Pratique du vers.

158   2. Le sens des formes :
Mallarmé, « syntaxier » – Conflit, mouvements.

181   3. L'Allégorie du texte.

187   AU SEUL SOUCI D'ÉCRIRE..

DOSSIER

197   I. COMPLÉMENTS BIOGRAPHIQUES

204   II. DOCUMENTS

204   1. Mallarmé vu par quelques contemporains
Zola – Verlaine – Huysmans – Claudel.

208   2. Contextes
Sartre, « L'engagement de Mallarmé » – Kristeva : Mallarmé, homme du « compromis mondain et social ».

211   3. Intertextes
Poe traduit par Baudelaire et par Mallarmé – La danse de Salomé – « Le Minuit », extrait d'*Igitur* – Ironie et métaphysique du kitsch : Laforgue.

216   4. Positions de lecture
A. Résistances
Proust, « Contre l'obscurité » – Lanson : Mallarmé, un « artiste incomplet » – Claudel, « La catastrophe d'Igitur » – Ponge/Sollers, contre l'« échec-de-Mallarmé ».
B. L'expérience de Mallarmé
Sartre – Blanchot – Sollers.
C. Multiplicités du texte
Bachelard – Richard – Derrida – Deleuze.

229   5. Effets Mallarmé
A. Hommages et clins d'œil
Jarry : « De l'île de ptyx » – Fénéon, « Le secret d'une locution provinciale ».
B. Pastiches et bricolages
Reboux et Müller, Sonnet à la manière de Mallarmé – Isou, « Sonnet » – Queneau, « Haï-kaïsation ».

236   III. BIBLIOGRAPHIE SÉLECTIVE

240   IV. INDEX

DANS LA MÊME COLLECTION

Jean-Louis Backès   *Crime et châtiment de Fedor Dostoïevski* (40)
Patrick Berthier   *Colomba de Prosper Mérimée* (15)
Philippe Berthier   *Eugénie Grandet d'Honoré de Balzac* (14)
Philippe Berthier   *La Chartreuse de Parme de Stendhal* (49)
Michel Bigot, Marie-France Savéan   *La cantatrice chauve / La leçon d'Eugène Ionesco* (3)
Michel Bigot   *Zazie dans le métro de Raymond Queneau* (34)
André Bleikasten   *Sanctuaire de William Faulkner* (27)
Arlette Bouloumié   *Vendredi ou les Limbes du Pacifique de Michel Tournier* (4)
Marc Buffat   *Les mains sales de Jean-Paul Sartre* (10)
Claude Burgelin   *Les mots de Jean-Paul Sartre* (35)
Mariane Bury   *Une vie de Guy de Maupassant* (41)
Pierre Chartier   *Les faux-monnayeurs d'André Gide* (6)
Pierre Chartier   *Candide de Voltaire* (39)
Mireille Cornud-Peyron   *Le voyageur sans bagages / Le bal des voleurs de Jean Anouilh* (31)
Marc Dambre   *La symphonie pastorale d'André Gide* (11)
Michel Décaudin   *Alcools de Guillaume Apollinaire* (23)
Jacques Deguy   *La nausée de Jean-Paul Sartre* (28)
Louis Forestier   *Boule de suif et La Maison Tellier de Guy de Maupassant* (45)
Danièle Gasiglia-Laster   *Paroles de Jacques Prévert* (29)
Jean-Charles Gateau   *Capitale de la douleur de Paul Éluard* (33)
Henri Godard   *Voyage au bout de la nuit de Louis-Ferdinand Céline* (2)
Jeannine Guichardet   *Le père Goriot d'Honoré de Balzac* (24)
Jean-Jacques Hamm   *Le Rouge et le Noir de Stendhal* (20)
Philippe Hamon   *La bête humaine d'Émile Zola* (38)
Geneviève Hily-Mane   *Le vieil homme et la mer d'Ernest Hemingway* (7)
Emmanuel Jacquart   *Rhinocéros d'Eugène Ionesco* (44)
Alain Juillard   *Le passe-muraille de Marcel Aymé* (43)
Anne-Yvonne Julien   *L'Œuvre au Noir de Marguerite Yourcenar* (26)
Thierry Laget   *Un amour de Swann de Marcel Proust* (1)
Thierry Laget   *Du côté de chez Swann de Marcel Proust* (21)
Claude Launay   *Les Fleurs du mal de Charles Baudelaire* (00)
Marie-Christine Lemardeley-Cunci   *Des souris et des hommes de John Steinbeck* (16)
Claude Leroy   *L'or de Blaise Cendrars* (13)
Henriette Levillain   *Mémoires d'Hadrien de Marguerite Yourcenar* (17)
Henriette Levillain   *La Princesse de Clèves de Madame de la Fayette* (46)
Jacqueline Lévi-Valensi   *La peste d'Albert Camus* (8)
Marie-Thérèse Ligot   *Un barrage contre le Pacifique de Marguerite Duras* (18)

François Marotin *Mondo et autres histoires de J. M. G. Le Clézio* (47)
Alain Meyer *La condition humaine d'André Malraux* (12)
Jean-Pierre Naugrette *Sa Majesté des Mouches de William Golding* (25)
Pascaline Mourier-Casile *Nadja d'André Breton* (37)
François Noudelmann *Huis-clos et Les mouches de Jean-Paul Sartre* (30)
Bernard Pingaud *L'Étranger d'Albert Camus* (22)
Jean-Yves Pouilloux *Les fleurs bleues de Raymond Queneau* (5)
Jean-Yves Pouilloux *Fictions de Jorge Luis Borges* (19)
Frédéric Regard *1984 de George Orwell* (32)
Mireille Sacotte *Un roi sans divertissement de Jean Giono* (42)
Marie-France Savéan *La place et Une femme d'Annie Ernaux* (36)
Claude Thiébaut *La métamorphose et autres récits de Franz Kafka* (9)

À PARAÎTRE

Annie Becq *Jacques le Fataliste de Diderot*
Jean Dufournet *Perceval ou le conte du Graal de Chrétien de Troyes*
Pascal Durand *Poésies de Mallarmé*
Laurent Fourcaut *Le chant du monde de Jean Giono*
Henri Godard *Mort à crédit de Céline*
Daniel Grojnowski *À rebours de Huysmans*
Pierre-Louis Rey *Madame Bovary de Flaubert*

COLLECTION FOLIO

Dernières parutions

2871. Tito Topin — *Piano barjo.*
2872. Michel Del Castillo — *Tanguy.*
2873. Huysmans — *En Route.*
2874. James M. Cain — *Le bluffeur.*
2875. Réjean Ducharme — *Va savoir.*
2876. Mathieu Lindon — *Champion du monde.*
2877. Robert Littell — *Le sphinx de Sibérie.*
2878. Claude Roy — *Les rencontres des jours 1992-1993.*
2879. Danièle Sallenave — *Les trois minutes du diable.*
2880. Philippe Sollers — *La Guerre du Goût.*
2881. Michel Tournier — *Le pied de la lettre.*
2882. Michel Tournier — *Le miroir des idées.*
2883. Andreï Makine — *Confession d'un porte-drapeau déchu.*
2884. Andreï Makine — *La fille d'un héros de l'Union soviétique.*
2885. Andreï Makine — *Au temps du fleuve Amour.*
2886. John Updike — *La Parfaite Épouse.*
2887. Daniel Defoe — *Robinson Crusoé.*
2888. Philippe Beaussant — *L'archéologue.*
2889. Pierre Bergounioux — *Miette.*
2890. Pierrette Fleutiaux — *Allons-nous être heureux ?*
2891. Remo Forlani — *La déglingue.*
2892. Joe Gores — *Inconnue au bataillon.*
2893. Félicien Marceau — *Les ingénus.*
2894. Ian McEwan — *Les chiens noirs.*
2895. Pierre Michon — *Vies minuscules.*

2896.	Susan Minot	*La vie secrète de Lilian Eliot.*
2897.	Orhan Pamuk	*Le livre noir.*
2898.	William Styron	*Un matin de Virginie.*
2899.	Claudine Vegh	*Je ne lui ai pas dit au revoir.*
2900.	Robert Walser	*Le brigand.*
2901.	Grimm	*Nouveaux contes.*
2902.	Chrétien de Troyes	*Lancelot ou Le chevalier de la charrette.*
2903.	Herman Melville	*Bartleby, le scribe.*
2904.	Jerome Charyn	*Isaac le mystérieux.*
2905.	Guy Debord	*Commentaires sur la société du spectacle.*
2906.	Guy Debord	*Potlatch (1954-1957).*
2907.	Karen Blixen	*Les chevaux fantômes* et autres contes.
2908.	Emmanuel Carrère	*La classe de neige.*
2909.	James Crumley	*Un pour marquer la cadence.*
2910.	Anne Cuneo	*Le trajet d'une rivière.*
2911.	John Dos Passos	*L'initiation d'un homme : 1917.*
2912.	Alexandre Jardin	*L'île des Gauchers.*
2913.	Jean Rolin	*Zones.*
2914.	Jorge Semprun	*L'Algarabie.*
2915.	Junichirô Tanizaki	*Le chat, son maître et ses deux maîtresses.*
2916.	Bernard Tirtiaux	*Les sept couleurs du vent.*
2917.	H.G. Wells	*L'île du docteur Moreau.*
2918.	Alphonse Daudet	*Tartarin sur les Alpes.*
2919.	Albert Camus	*Discours de Suède.*
2921.	Chester Himes	*Regrets sans repentir.*
2922.	Paula Jacques	*La descente au paradis.*
2923.	Sibylle Lacan	*Un père.*
2924.	Kenzaburô Ôé	*Une existence tranquille.*
2925.	Jean-Noël Pancrazi	*Madame Arnoul.*
2926.	Ernest Pépin	*L'Homme-au-Bâton.*
2927.	Antoine de Saint-Exupéry	*Lettres à sa mère.*
2928.	Mario Vargas Llosa	*Le poisson dans l'eau.*
2929.	Arthur de Gobineau	*Les Pléiades.*
2930.	Alex Abella	*Le Massacre des Saints.*
2932.	Thomas Bernhard	*Oui.*
2933.	Gérard Macé	*Le dernier des Égyptiens.*
2934.	Andreï Makine	*Le testament français.*

2935.	N. Scott Momaday	*Le Chemin de la Montagne de Pluie.*
2936.	Maurice Rheims	*Les forêts d'argent.*
2937.	Philip Roth	*Opération Shylock.*
2938.	Philippe Sollers	*Le Cavalier du Louvre. Vivant Denon.*
2939.	Giovanni Verga	*Les Malavoglia.*
2941.	Christophe Bourdin	*Le fil.*
2942.	Guy de Maupassant	*Yvette.*
2943.	Simone de Beauvoir	*L'Amérique au jour le jour, 1947.*
2944.	Victor Hugo	*Choses vues, 1830-1848.*
2945.	Victor Hugo	*Choses vues, 1849-1885.*
2946.	Carlos Fuentes	*L'oranger.*
2947.	Roger Grenier	*Regardez la neige qui tombe.*
2948.	Charles Juliet	*Lambeaux.*
2949.	J.M.G. Le Clézio	*Voyage à Rodrigues.*
2950.	Pierre Magnan	*La Folie Forcalquier.*
2951.	Amos Oz	*Toucher l'eau, toucher le vent.*
2952.	Jean-Marie Rouart	*Morny, un voluptueux au pouvoir.*
2953.	Pierre Salinger	*De mémoire.*
2954.	Shi Nai-an	*Au bord de l'eau I.*
2955.	Shi Nai-an	*Au bord de l'eau II.*
2956.	Marivaux	*La Vie de Marianne.*
2957.	Kent Anderson	*Sympathy for the Devil.*
2958.	André Malraux	*Espoir — Sierra de Teruel.*
2959.	Christian Bobin	*La folle allure.*
2960.	Nicolas Bréhal	*Le parfait amour.*
2961.	Serge Brussolo	*Hurlemort.*
2962.	Hervé Guibert	*La piqûre d'amour* et autres textes.
2963.	Ernest Hemingway	*Le chaud et le froid.*
2964.	James Joyce	*Finnegans Wake.*
2965.	Gilbert Sinoué	*Le Livre de saphir.*
2966.	Junichirô Tanizaki	*Quatre sœurs.*
2967.	Jeroen Brouwers	*Rouge décanté.*
2968.	Forrest Carter	*Pleure, Géronimo.*
2971.	Didier Daeninckx	*Métropolice.*
2972.	Franz-Olivier Giesbert	*Le vieil homme et la mort.*
2973.	Jean-Marie Laclavetine	*Demain la veille.*

2974.	J.M.G. Le Clézio	*La quarantaine.*
2975.	Régine Pernoud	*Jeanne d'Arc.*
2976.	Pascal Quignard	*Petits traités I.*
2977.	Pascal Quignard	*Petits traités II.*
2978.	Geneviève Brisac	*Les filles.*
2979.	Stendhal	*Promenades dans Rome.*
2980.	Virgile	*Bucoliques. Géorgiques.*
2981.	Milan Kundera	*La lenteur.*
2982.	Odon Vallet	*L'affaire Oscar Wilde.*
2983.	Marguerite Yourcenar	*Lettres à ses amis et quelques autres.*
2984.	Vassili Axionov	*Une saga moscovite I.*
2985.	Vassili Axionov	*Une saga moscovite II.*
2986.	Jean-Philippe Arrou-Vignod	*Le conseil d'indiscipline.*
2987.	Julian Barnes	*Metroland.*
2988.	Daniel Boulanger	*Caporal supérieur.*
2989.	Pierre Bourgeade	*Éros mécanique.*
2990.	Louis Calaferte	*Satori.*
2991.	Michel Del Castillo	*Mon frère l'Idiot.*
2992.	Jonathan Coe	*Testament à l'anglaise.*
2993.	Marguerite Duras	*Des journées entières dans les arbres.*
2994.	Nathalie Sarraute	*Ici.*
2995.	Isaac Bashevis Singer	*Meshugah.*
2996.	William Faulkner	*Parabole.*
2997.	André Malraux	*Les noyers de l'Altenburg.*
2998.	Collectif	*Théologiens et mystiques au Moyen Âge.*
2999.	Jean-Jacques Rousseau	*Les Confessions (Livres I à IV).*
3000.	Daniel Pennac	*Monsieur Malaussène.*
3001.	Louis Aragon	*Le mentir-vrai.*
3002.	Boileau-Narcejac	*Schuss.*
3003.	LeRoi Jones	*Le peuple du blues.*
3004.	Joseph Kessel	*Vent de sable.*
3005.	Patrick Modiano	*Du plus loin de l'oubli.*
3006.	Daniel Prévost	*Le pont de la Révolte.*
3007.	Pascal Quignard	*Rhétorique spéculative.*
3008.	Pascal Quignard	*La haine de la musique.*
3009.	Laurent de Wilde	*Monk.*
3010.	Paul Clément	*Exit.*

3011.	Léon Tolstoï	*La Mort d'Ivan Ilitch.*
3012.	Pierre Bergounioux	*La mort de Brune.*
3013.	Jean-Denis Bredin	*Encore un peu de temps.*
3014.	Régis Debray	*Contre Venise.*
3015.	Romain Gary	*Charge d'âme.*
3016.	Sylvie Germain	*Éclats de sel.*
3017.	Jean Lacouture	*Une adolescence du siècle Jacques Rivière et la* N.R.F.
3018.	Richard Millet	*La gloire des Pythre.*
3019.	Raymond Queneau	*Les derniers jours.*
3020.	Mario Vargas Llosa	*Lituma dans les Andes.*
3021.	Pierre Gascar	*Les femmes.*
3022.	Penelope Lively	*La sœur de Cléopâtre.*
3023.	Alexandre Dumas	*Le Vicomte de Bragelonne I.*
3024.	Alexandre Dumas	*Le Vicomte de Bragelonne II.*
3025.	Alexandre Dumas	*Le Vicomte de Bragelonne III.*
3026.	Claude Lanzmann	*Shoah.*

Composition Traitext.
Impression Bussière Camedan Imprimeries
à Saint-Amand (Cher), le 12 janvier 1998.
Dépôt légal : janvier 1998.
Numéro d'imprimeur : 1/77.

ISBN 2-07-038939-1./Imprimé en France.